博士生导师学术文库

A Library of Academics by
Ph.D.Supervisors

中欧关系：文化·认知·传播

张　莉　张静怡　主编

光明日报出版社

图书在版编目（CIP）数据

中欧关系：文化·认知·传播 / 张莉，张静怡主编
. --北京：光明日报出版社，2021.6
ISBN 978-7-5194-6013-6

Ⅰ.①中… Ⅱ.①张…②张… Ⅲ.①中外关系—研
究—欧洲 Ⅳ.①D822.35

中国版本图书馆 CIP 数据核字（2021）第 077977 号

中欧关系：文化·认知·传播
ZHONGOU GUANXI: WENHUA·RENZHI·CHUANBO

主　　编：张　莉　张静怡

责任编辑：杨　茹　　　　　　　　责任校对：刘文文
封面设计：一站出版网　　　　　　责任印制：曹　净

出版发行：光明日报出版社
地　　址：北京市西城区永安路 106 号，100050
电　　话：010-63169890（咨询），010-63131930（邮购）
传　　真：010-63131930
网　　址：http://book.gmw.cn
E - mail：yangru@gmw.cn
法律顾问：北京德恒律师事务所龚柳方律师
印　　刷：三河市华东印刷有限公司
装　　订：三河市华东印刷有限公司
本书如有破损、缺页、装订错误，请与本社联系调换，电话：010-63131930
开　　本：170mm×240mm
字　　数：171 千字　　　　　　印　　张：15
版　　次：2021 年 6 月第 1 版　　印　　次：2021 年 6 月第 1 次印刷
书　　号：ISBN 978-7-5194-6013-6
定　　价：95.00 元

目 录
CONTENTS

引 言

　　志合者，不以山海为远。1975 年至今，跨越亚欧大陆的中国与欧盟已经建立了长达近半个世纪的友谊。700 多年前，《马可·波罗游记》唤起了欧洲人对东方瑰丽的想象，一条古代丝绸之路悠悠开启，2013 年，习近平主席提出"一带一路"倡议，中欧之间的传统友谊再次吐露新芽，中欧双方的全面战略合作伙伴关系也在不断变化的世界中日益密切。

　　在这一背景下，加强中欧双方的彼此了解，夯实双方合作的认知基础显得尤为重要，这一前提也构成了本书的逻辑起点和现实土壤。本书从文化、认知、传播的视角探讨中欧关系，通过对中欧双边互动关系的整体回顾和前沿探讨，对文化、经贸等议题的具体案例剖析，对中欧彼此形象认知及其媒体呈现的阐释和分析，深入解读中欧双方从双边交往的行为互动到特定领域的认知形成，再到双方媒体对彼此形象进行形塑与传播的完整路径。

　　长期以来，中欧双方始终保持着密切的交流与合作，2013 年习近平主席提出"一带一路"重大倡议以来，中欧关系迎来了更多新机遇，

"一带一路"框架下的中欧务实合作也不断丰富和展开。习近平主席2014年访问布鲁塞尔时曾将中欧关系定义为"和平、增长、改革、文明"的四大战略伙伴关系，在传统领域友好往来的基础上，中欧合作又注入了新动力，以数字经济为代表的创新合作更是成为中欧双方"增长伙伴关系"的前沿领域和重要环节。因此，本书开篇便回顾了中欧双方的交往历程，详尽梳理中欧双边关系的进展细节，并在"一带一路"的背景下着重聚焦了双方在政治、经济、文化各合作领域的新进展与新突破。随后，本书对双方在数字经济领域的政策互动与战略合作进行探讨，尝试探究双方未来合作的可能性。

接下来，本书在第二、第三部分着重阐释欧方眼中的中国形象，分别从文化和媒介两个角度切入，探索中国形象在欧洲的历史进程、现状以及问题，并通过对欧洲媒体报道的分析尝试解读其对中国形象的建构与塑造。文明对话与文化交流是中欧双方加强合作、增进互信的基础，更是中欧"文明伙伴关系"建设的必由路径，而文化差异与文化误读也是阻碍中欧认知深化和完善的重要屏障。基于这一现实背景，第二部分首先讨论了欧洲对中国文化理解和认同的变化历程，以欧洲地图中的中国为具象载体，从文化地理学视角探索中国形象在欧洲的变迁史。接下来，本书聚焦双方文化的误读问题，探讨了欧洲文学、电影、新闻媒体、广告等内容当中的对华刻板印象，厘清其产生背景及内部逻辑，以期双方在未来的文化交往中更好地避免刻板印象所造成的误解与分歧。

媒体在中欧关系的建构中扮演着日益重要的角色，本书第三部分关注传播媒介对中国国家形象的形塑功能，以及媒体报道对于形象认知的建构作用。这一部分研究选取了欧洲新闻台、《经济学人》《金融时报》

《明镜》《泰晤士报》和《世界报》等影响力较大的欧洲报刊媒介，挖掘了欧洲报道中的"改革者""领导者""负责任大国""创新中国"等多方面的中国形象。

本书第四部分反观中方媒体报道中的欧盟，尝试探究中方报道中从主流媒体到地方媒体，从传统媒体到新媒体的多方位、多层次的欧盟形象呈现。本部分的三个章节从政治、经济、安全、外交、科技、环境、社会等多个议题与视角阐释了中国媒体中的欧盟形象，在前文基础上进一步丰满了中欧双方立体化、多角度的认知图景。

与以往的中欧关系的研究相比，本书尤其关注了媒体与传播对中欧关系的形塑功能，以及媒体报道对于他国形象认知的映射作用，一定程度上是对此前中欧关系研究中被忽视的人文交流与传播功能的补充，同时也是在"讲好中国故事，传播中国声音"的主流语境下开展中欧相互传播的深度探讨和路径探索，为中欧双方未来进一步加强交流互鉴、增进了解、促进认同做出一点儿贡献。

张莉　张静怡

2019 年 12 月 24 日

清华园

"一带一路"背景下的中欧关系

张　莉　张静怡*

[摘要]

中欧关系作为中国双边外交关系的重要一环，越来越受到重视，自1975年建交以来，中国与欧盟的交往也经历了逐渐走向独立自主、日益密切务实合作、不断深化双边友谊的发展历程。近半个世纪以来，双方已建立起以政治、经贸、文化为核心的高层对话机制。2013年习近平主席提出"一带一路"倡议后，欧洲更是我国在"一带一路"框架下合作的重点地区。站在当前背景下讨论中欧关系与中欧相互认知，是加强双方相互理解的前提与基石，也是探索未来发展道路的必要准备。本文对中欧关系的发展历程进行回顾与梳理，以便我们走近中欧双方的交往细节，这些细节或许也将成为双方认知的现实基础与历史参照。

[关键词]　中国　欧盟　全面战略伙伴关系　"一带一路"

＊ 作者单位：清华大学新闻与传播学院

中国与欧洲经济共同体于1975年确立了正式外交关系，并于20世纪90年代中期开始战略靠拢。1995年至今，欧盟委员会陆续发布了七份对华政策文件，以及2002—2006年和2007—2013年两份对华战略文件。与此同时，中国于2003年发表了首份外交政策文件——《中国对欧盟政策文件》，并在2014年和2018年对文件进行了更新。中国和欧盟自2003年建立全面战略伙伴关系以来，双边关系不断深入，合作领域也逐步扩大和深化。2013年，双方制定了《中欧合作2020战略规划》，认为在当今复杂多变的国际环境中，中欧作为多级世界的重要力量，都肩负着维护世界和平、促进共同繁荣与可持续发展的责任。双方决定将本着平等互信、相互尊重的原则，继续巩固和发展战略伙伴关系。然而，2019年3月欧盟在其对华政策文件《中欧战略展望》中指出，一方面中国是欧盟的合作伙伴，另一方面也是经济竞争者和制度性对手，这为"一带一路"背景下进一步发展中欧关系带来挑战。因此，中欧双方增进相互了解、建立互信变得更加重要和迫切，正如国务委员兼外交部部长王毅2019年12月16日在布鲁塞尔欧洲政策中心举办的欧洲智库媒体交流会上指出的："中欧关系要行稳致远，首先应树立正确的相互认知，不断增进彼此理解和信任。"

在开启本书对中欧关系中关于文化、认知和传播的讨论之前，本章对中欧关系的发展历程进行回顾与梳理，以便我们走近中欧双方的交往细节，这些细节或许也将成为双方认知的历史参照和现实基础。纵观中欧关系发展历史，从冷战时代发展至今，双边关系经历了起起伏伏的变化过程，本文首先回顾从冷战时代到中欧全面战略伙伴关系建立的双边关系的战略接近过程，然后从中欧关系的三大支柱——政治、经济和人文交流三方面梳理双边关系的发展。

一、中欧战略接近

在冷战时代，欧盟（欧共体）和中国分别依附于美苏两个超级大国。20 世纪 70 年代，中国逐渐意识到以美国为中心的西欧国家所组成的强大军事联盟对自身安危的重要影响。1973 年，中国政府邀请当时的欧共体委员克里斯托弗·索姆斯访华，1975 年 5 月双方正式确立外交关系。中欧外交关系的建立是中国面对苏联威胁时为了维护自身政治利益的必然选择。1982 年中国确立了独立自主的外交政策，希望与美苏等超级大国和平共处，此后中欧之间的政治关系开始弱化，而经贸关系开始升温。1978—1988 年，中欧贸易总量从 35 亿美元增至 120 亿美元，但是欧盟（当时为欧洲经济共同体）在中国的贸易份额从 20% 下降至 12.5%。这从某种角度来说表明当时欧洲对中国现代化的助力不及美苏两大国，甚至不及亚太地区的其他国家。

同时，欧洲开始通过建立欧洲联盟进行自身重建。在过去作为欧洲经济共同体与中国开展外交活动的过程中，欧洲更多限于经济方面的合作，1978 年，欧洲经济共同体与中国签订了贸易协定，并建立了联合贸易委员会，这是两国经贸关系方面的重大突破。双方承诺在多个贸易领域给予对方最惠国待遇。随着双方经贸关系的日渐密切，1985 年中国与欧洲经济委员会签订了新的经贸合作协议，同时也是中欧关系法律框架的重要构成内容。1988 年，欧共体委员会向北京派遣了欧盟代表团，从而推动双方经贸关系的紧密发展。在政治关系方面，1980 年，欧洲议会代表团和全国人民代表大会代表团举行了会议，1984 年中欧召开了首个部长级政治合作协商会议。

1989 年，双方关系进入低谷，欧洲经济共同体对中国实施了多项制裁，其中包括"共同体成员国暂停与中国的军事合作""对中国实行武器贸易禁令""暂停双方部长级及高层接触""共同体及其成员国延迟执行新的合作项目"等。中欧关系从 1989 年开始直至 20 世纪 90 年代初都处于低迷状态。对于欧盟（欧洲经济共同体）来说，东欧剧变、德国统一、苏联解体等一系列变动使得欧洲乃至世界的版图发生了巨大变化。欧洲国家对中国的未来发展丧失信心，因此，中国也在外交关系中逐渐被欧洲边缘化。

尽管如此，中欧双边经贸关系，尤其是中国与欧洲经济共同体以及欧盟成员国关系，还是取得了显著成绩。1989 年 9 月，意大利和德国开始游说其他成员国减轻对中国的制裁条款并且加紧恢复与中国的经济联系。1990 年夏季之后，制裁逐渐放宽，但是武器贸易禁令仍然在实行。欧共体当时正面临严峻的社会失业问题，经济上行缓慢，对于欧共体来说，欧洲公司亟须拓展海外市场和增加海外投资。对于中国来说，欧洲发达国家的先进科技也正是中国发展所需要的，而且欧洲发达国家相比美国更为友好，因为中欧在亚太地区没有安全利益方面的冲突，此外，中国也需要外商直接投资以拉动经济增长，欧洲公司也正是潜在投资者。

1994 年，欧盟颁布《新亚洲战略》，中国被视为亚洲潜在的主要力量。次年，欧盟发布其里程碑式的对华政策，宣布与中国建立长期关系。此后，中欧交流不断频繁，中欧关系得到改善。但是，这种改善主要体现在经贸层面，而非高层外交以及政治方面。1998 年情况发生转变，欧盟出台了第二份针对中国的政策性文件，希望推动与中国建立合作伙伴关系的进程。欧盟在文件中指出，希望结束与中国的冲突，开展人权对话，这一举动清除了欧盟与中国关系之间的最大阻碍。同年，英国担任欧盟主席国期间，时任英国首相布莱尔邀请时任中国总理朱镕基访问伦敦，这是中欧双方自 1989 年 6 月以来国家领导人的首次会面。数月之后，时任欧盟委员会主席普罗迪访华，中欧官方高层会晤正式恢复，另外中欧开始开展每年一度的高峰会议，中国在欧盟对外关系中取得了等同于美国、俄罗斯以及日本的地位。2000 年以来，欧盟推出了更多与中国战略合作伙伴相关的政策文件，中国也在 2003 年积极回应，颁布了史无前例的外交政策文件——《中国对欧盟政策文件》。自 2003 年双方建立全面战略合作伙伴关系以来，中欧在 50 多个领域开始了行业双边对话与合作，包括农业对话、民用航空、消费者产品安全、教育、文化、环境、信息社会、海上运输等。

二、中欧政治互动

冷战结束后，欧洲逐渐意识到两极格局结束后世界格局的新变化以及中国作为新崛起的亚洲主要力量的重要地位，中欧双边关系发展进程加速。1993 年欧盟正式成立后，具备了先前欧洲经济共同体所不具备的一部分外交权利，开始拓展经济领域以外的中欧双边关系，将"共同外交与安全政策"纳入合作框架之中，中欧双方关系开始从最初的贸易伙伴向战略合作伙伴迈进。1994 年欧盟出台《新亚洲战略》，中欧双方签署了政治对话协议，开启了新的政治对话，政治关系进一步发展，次年欧盟出台了第一份对华纲领性文件——《中欧关系长期政策》，积极推进双方关系建设，也为欧盟国家制定了一致的对华行动交往准则。与此同时，中方也积极推动双边关系的恢复，1995 年，双方在中国的倡议下开始人权对话，初步结束了人权问题方面的对立局面，此后双方每年两次、分别在北京和欧盟举行人权对话，良好的中欧对话和交流机制也由此开始形成。1998 年欧盟出台第二份对华政策文件，3 月欧盟委员会通过《与中国建立全面伙伴关系》的政策性文件，提出"将中欧关系提升到与欧美、欧日、欧俄同等地位"，双方领导人在 4 月会晤中表示将建立"建设性伙伴关系"，由此中欧关系在政治方面更进一步。2001 年，双方升级"全面伙伴关系"。2002 年，中欧通过换文方式升级了双方政治对话框架，也完善了双边对话的法律框架。发展至 2003 年，双方关系迎来了历史性的进步，6 月欧盟在欧洲安全战略计划中指出欧盟为中国的主要战略伙伴之一，9 月欧盟发布第四份对华政策文件，与中国建立战略伙伴关系，10 月中国对欧盟做出积极回应，发布了第一份《中国对欧盟政策文件》，10 月底双方在领导人第六次会晤期间正式宣布确立为"全面战略伙伴关系"（中华人民共和国外交部，2017)，中欧关系就此进入全新阶段。

"全面战略伙伴关系"宣布后的初期，中欧交往进入了双方公认的"蜜月期"，2003 年美伊战争中许多欧洲大国支持与中国相同的立场，此后一段时间两国领导人会晤也十分频繁。2004 年 5 月时任总理温家宝访问欧盟总部，并阐释了"全面战略伙伴"的内涵，他指出："所谓'全面'，是指双方的合作全方位、宽领域、多层次，既包括经济、科技，也包括政治、文化；既有双边，也有多边；既有官方，也有民间。所谓'战略'，是指双方的合作具有全局性、长期性和稳定性，超越意识形态和社会制度的差异，不受一时一事的干扰。所谓'伙伴'，是指双方的合作是平等、互利、共赢的，在互相尊重、相互信任的基础上，求大同存小异，努力扩大双方的共同利益。"（吴绮敏，姚立，吴云，2004）在此期间，中欧建立了涵盖多个领域的政治对话机制，2003年开始，中欧领导人举行年度会晤，并于2005年启动了副部长级战略对话，此外双方还根据需要举行部长级会晤、专题性对话、专家级对话，逐渐建立起了共五个层面的多层次的政治对话机制，内容涵盖政策、安全、国防、人权、军事、发展等多项议题。

2005年起，中欧关系进入了"调整期"。2001年中国加入世贸组织后逐渐登上国际舞台，面对相对实力日渐增强的中国，欧盟方面也渐生疑虑，其对华政策开始由友好合作转向强硬。2006年欧盟发表《竞争与伙伴关系：欧中贸易和投资政策》和对华政策文件《欧盟与中国：紧密的伙伴，更大的责任》，两份文件成为中欧关系转变的重要节点，双方由此前的"全面伙伴关系""战略伙伴关系"转为"竞争与伙伴关系"，欧盟开始强调中国应承担更多"责任"，并指出欧盟在中国投资受到多重制约和阻碍导致中欧贸易的不平等关系。此外，双方自1995以来开始的人权对话也未能取得显著进展，2008年法德高层领导会见达赖也致使中欧关系陷入紧张，双方在伊朗核问题、非洲问题、武器禁令解除等问题上摩擦不断。直至2009年中国时任总理温家宝访问欧洲，双边关系才得以缓解，2010年双方将高层对话机制升级为年度"高级别战略对话"，中欧关系逐渐恢复和完善。

2013 年 9 月和 10 月，中国国家主席习近平相继提出了建设"新丝绸之路经济带"和"21 世纪海上丝绸之路"的合作倡议，中国方面此举旨在加强中国与周边地区的互联互通，与沿线国家开展经济合作，达成政治互信、经济融合、文化包容。倡议提出后，中国积极做出行动，希望将欧洲纳入"一带一路"的合作框架下，2014 年 3—4 月，中国国家主席习近平访问了荷兰、法国、德国和比利时四国以及欧盟总部，实现了中国国家元首对欧盟总部的首次访问，中欧双方就打造"和平、增长、改革、文明"的四大伙伴关系达成共识（杜尚泽，许立群，刘歌，2014）。4 月 2 日，中国政府发布了第二份中国对欧盟政策文件，希望在双方"战略伙伴关系"达成十年的基础上进一步深化互利共赢的中欧全面战略伙伴关系。面对中国的热情呼吁，欧盟方面并没有给出积极回应。长期以来，关于"中国崛起""中国威胁"的说法笼罩欧洲，两个意识形态不同、社会制度差异巨大的政治体虽然开展了长达数十年的对话与经贸往来，但是政治上的实质联系和关系进展并不显著，这也使中欧双方关系的密切发展难以更进一步，正如斯科特（Scott，2014）在研究中表示，2003 年以来双方的"战略伙伴关系"在很多方面是相当有名无实的，周弘（2017）也表示，中欧之间多为"软性"的机制链接，虽然建立了多层对接，但措施过软，成效并不显著。如今，中国方面提出了实质性的"一带一路"发展倡议，以期构建更为紧密的共同体关系，而欧方为了缓解主权债务危机的长期压力，也在寻找更为广阔的外部市场，为此欧盟推出了旨在促进经济恢复的"容克计划"。2015 年，中国总理李克强与欧洲理事会主席图斯克、欧盟委员会主席容克进行第十七次中欧领导人会晤，双方在联合声明中表示支持

"一带一路"倡议与欧洲投资计划进行对接。进一步深化双方在政治领域、国家安全等领域的合作是双方关系进步的重要前景，卡萨里尼（Casarini，2016）指出"欧洲亟须对中国的'一带一路'倡议做出全面的回应，包括政治以及安全相关问题"。2016 年 6 月，欧盟委员会通过了自 2006 年以来的第一份对华政策文件《欧盟对华新战略要素》（European Commission，2016），表明与中国在外交、安全领域进一步开展合作的意愿。次月，欧盟委员会通过了《欧盟对华战略的理事会决议》，两份文件为欧盟未来五年的对华行动提供了政策基石（新华网，2016）。2018 年 7 月，中国国家主席习近平会见了欧洲理事会主席图斯克和欧盟委员会主席容克，中方表示希望双方加强政治对话，共同推进热点政治问题的解决，欧方也表示愿意扩大双方合作领域，密切国际事务中的沟通交流（刘华，2018）。同年 12 月，中国发布了第三份对欧盟政策性文件，进一步表达了深化和拓展双方全面合作的需求，正如布朗和比特森（Brown & Beatson，2016）在研究中所指出的，在"一带一路"经济合作的背景下，中欧关系的政治化已成为必然趋势。

三、中欧经贸合作

经贸关系始终是中欧关系最重要的支柱。20 世纪 70 年代，中美关系缓和后，中国与欧共体国家的关系日趋密切，1975 年中欧建交前，双边贸易关系便已经有了显著发展，1971—1975 年间，中欧贸易量猛增三倍，这也为中欧贸易关系的稳定发展奠定了基础。1978 年中国与欧洲经济共同体签署了综合贸易协定，协定中决定建立中国—欧共体贸易混合联合会。1979年欧洲议会议长艾米利奥·科隆波访问中国,同年双方签订第一份关于纺织品贸易的协定。1984年9月,中欧首次开展了部长级会晤,中国对外经济贸易部部长陈慕华与欧共体委员会副主席威廉·哈费尔坎普进行会谈,并草签了经贸合作协定。同年,欧洲在华的第一个项目——商务管理和农村发展项目也开始启动。1985年,中欧建交十周年之际,双方签订了正式的《贸易与经济合作协定》,为中欧经贸关系奠定了法律基础。2001年中国加入了世贸组织后,双方贸易关系迅速升温,2003年双方建立全面战略伙伴关系,经贸往来更加密切,2004年中国成为欧盟仅次于美国的第二大贸易伙伴,欧盟成为中国第一大贸易伙伴,双边贸易额的增长率达到40%以上。罗伯特·阿什(Robert Ash)在研究中指出,1978年到2005年间中欧贸易增长了60多倍,达到了2100亿欧元(桑德施奈德,李靖堃,2010)。双方在经贸合作中难免产生摩擦,2006年欧盟对华态度开始转向强硬,并在政策性文件《欧盟与中国:紧密的伙伴,更大的责任》中指出中国利用关税以及其他贸易壁垒阻碍欧洲企业进入中国市场。

　　2008年全球金融危机也波及了中欧经贸发展,双方贸易值下滑,至2009年贸易额下降15%,成为自双方建立贸易交往以来的首次负增长,2010年以后中欧贸易重新恢复增长。2010年3月,欧洲主权债务危机开始发酵,欧洲经济遭受重创,在此期间中国加大从欧洲的进口,以帮助欧洲尽快摆脱危机的影响。正如吴和延森(Wu & Jensen,2017)在研究中所提到的,债务危机期间,中国是欧洲的重要求助对象。2012年希腊退欧风波期间,欧洲经济再度面临挑战,欧盟作为中国最大贸易出口国的地位被美国所取代,欧盟理事会主席范龙佩与欧盟委员会主席巴罗佐访问北京，与中国时任总理温家宝开展双方领导人第十四次会晤，而欧盟此次访华的重要目的也是希望中方能够帮助解决欧元区危机。2010 年，中国 GDP 超越日本，成为全球第二大经济体，随着中国在全世界的经济地位日益提高，中欧双方在经贸方面的相互依存关系也越发显著，尤其是双方的相互投资和双边贸易方面，呈现日益增长的趋势。根据中国商务部数据，2012 年中国对欧盟出口达到 3339.9 亿美元，2012 年自欧盟进口数达到 5460.4 亿美元，相比 2003 年战略伙伴建立初期均增长 4 倍左右。2015 年，中国对欧盟的非金融类直接投资达到与此前相比的最高值 1180 亿美元，同比增长 14.7%，同年欧盟对中国的相应直接投资达到 1260 亿美元。发展至 2018 年中欧贸易额已经达到 6821.6 亿美元（张怀水，2019），再创历史新高，中国企业对欧盟直接投资达到 78.2 亿，同比增长 3.3%（中华人民共和国商务部，2019），欧盟对华新增投资 104.2 亿美元，同比增长 25.7%（中华人民共和国商务部，2019）。中国商务部发言人高峰也表示将继续鼓励中国企业开展对欧投资合作，推动双方互利共赢。随着双方贸易合作的不断深入，中欧之间难免产生贸易摩擦。2012 年以来，中国成为欧盟采取贸易防御措施的主要对象国，欧盟对华的反倾销调查也存在大案凸显、涉案产品向高技术含量产品转移、"双反"（反倾销和反补贴）模式、主动出击、强调对等开放等特点（周弘，2013）。但实际问题当中的摩擦也属于贸易交往中的正常现象，并未对中欧双方的经贸关系造成伤害，中欧从 2008 年开始实行经贸高层对话，建立了该领域的最高磋商机制，双方尊重彼此的贸易规则及制度，2018 年欧盟推出《通用数据保护条例》后，中方也在第三份对欧盟政策文件中进行了积极回应。

2013 年，中国提出了"一带一路"倡议，致力于加强与沿线地区的沟通合作，欧洲则是"一带一路"经济带上的重要地区。2014 年，欧盟推出了"欧洲战略投资计划"（又称"容克计划"），希望通过增加投资、支持基础设施等关键领域的项目投资、消除行业以及金融和非金融壁垒以促进欧洲经济的恢复和发展（金玲，2015）。经历了短暂慢热阶段，中欧于 2015 年 9 月的第五次中欧经贸高层对话中正式达成了"一带一路"与"容克计划"的项目对接，双方签订了《关于建立中欧互联互通平台的谅解备忘录》（中国一带一路网，2016），开启了双方经济合作的崭新阶段。在欧洲尚未摆脱金融危机和债务危机影响的语境下，中欧此举更显现出互惠互利的合作目标，对加强基础设施的互联互通，推动海外投资和项目实施，促进双边贸易的发展都具有重要作用。雷蒙（Ramon，2018）表示："一带一路"为欧洲的经济发展提供了更多新的契机，使欧洲能够在欧债危机仍然威胁经济安全的环境下获得更多金融资源，欧洲各国通过在中国的国家管理框架下寻求更多投资机会，强化自身金融地位，维护自身财政安全。在"一带一路"框架下，中欧共同推进欧亚互联互通战略、欧洲投资计划、"泛欧交通运输网络"等发展规划。2011 年开始运行的中欧班列也在双方合作加深的背景下迅速发展，中国国家统计局数据显示，截至 2019 年 8 月，中欧班列已经连通亚欧大陆 16 个国家的 108 个城市，累计开行 1.3 万列（国家统计局，2019）。至 2019 年，欧盟已经连续十五年成为中国最大贸易伙伴，双方已经开展七次经贸高层对话，并在数字经济、电子商务、循环经济、农业、金融等领域达成合作共识，逐步推进双方经贸关系不断深化。

四、中欧人文交流

中欧作为人类文明的两大重要发源地，有着悠久的历史文化和深厚的人文积淀，中欧思想文化的交流有着长达千年的历史基础，早在欧洲的文艺复兴、中国近代的西学东渐等社会思想运动时期，便有中西仁人志士互学互鉴先进思想以繁荣本国思想文化与社会。尽管如此，中国与欧盟真正以相互沟通理解为目的的人文交流却是在21世纪初才开始的。长期以来，双方的文化交流一直停留在中国与欧盟成员国层面，贸易始终是中欧关系中的主导领域。1998年欧盟委员会在第二份对华政策文件中首次提出了增进文化交流的相关内容，但是其主要的目的是"提升欧盟的可见度"（宋新宁，丁韶彬，译谷，2016）。2003年，中国发布第一份对欧盟政策文件，文件中指出中国对欧盟的政策目标是"互鉴互荣，取长补短，扩大人文交流，促进东西方文化的和谐与进步"（中华人民共和国中央人民政府，2003），首次将互相理解、交流合作作为双方人文交流的目标和方向。欧盟在同年发布的对华政策文件中就文化交流对中国予以回应，双方在人文领域的互学互鉴、沟通理解才就此具有了政策基础。2005年双方建交三十年之际，欧盟召开了"中华文化高峰会议"，此后双方的文化交流日益频繁。2006年欧盟发布的对华政策文件中强调将对华关系扩展到人与人的联系，从文化交流和旅游到市民社会和学术联系各方面加强中欧双方的文化联系（Commission of the European Communities，2019），深入人文交流已经逐渐成为中欧双方的交往共识。2008年双方在北京举办了"中欧文化对话"，并在此后每年举行一次，成为欧盟层面对华人文交流的一大主要活动。

2009 年之前，欧盟与中国之间的文化交流存在一定的不对等现象，中方在欧盟层面的文化交流活动更多通过与欧盟成员国的互动得到落实，2009 年之后，中欧都日益意识到文化交流的重要性，《里斯本条约》的生效也使欧盟的对外权能得到扩大，欧盟对华文化交流中的许多制度障碍被清除，双方人文交流走上了快速发展的轨道，对话机制不断健全和成熟，对话领域逐渐拓宽和完善。2010 年，第一届中欧文化高峰论坛在布鲁塞尔举办，同时双方发布第十三次领导人会晤联合公报，并表示将支持 2011 年中欧青年交流年，宣布 2012 年为中欧文化间对话年（新华社，2010）。中欧文化交流日益密切，人文交流活动日益丰富。2012 年 4 月，中国国务委员刘延东访问欧盟总部，并启动了中欧高级别人文交流对话机制（中国新闻网，2012）。至此，"中欧高级别人文交流对话"与"中欧高级别战略对话""中欧经贸高层对话"相辅相成，成为中欧在政治、经贸领域之外的第三大支柱。

2013 年，中国加强了与"一带一路"沿线国家的文化沟通，双方人文交流在此基础上得到了更为深入的发展。同年 11 月，中欧双方签订了《中欧合作 2020 战略规划》，文件中对双方人文交流提出了倡议，指出扩大双方人民的交往对增进共同了解、促进双方社会领域交流至关重要，倡议涵盖的合作领域包括文化、教育、青年交流、新闻、出版、广播、影视、便利人员往来等（中华人民共和国商务部欧洲司，2016）。在此框架下，中欧双方积极促进人员交流和往来，对双方的相互理解起到了积极推动作用。据统计，2018 年中欧往来人员总数已达到 770 万左右，同比增长 8.3%（新华国际头条，2019）。斯科特

（2014）在其实证研究中表示，中欧之间的人际往来在双方公众心中逐渐建立了对彼此的正面印象。除了人员往来，双方长期在高等教育领域的合作也是人文交流领域合作的重要内容。2013年4月，中欧高等教育交流与合作平台第一次会议在布鲁塞尔召开，欧盟委员会教文总司司长特鲁钦斯基在会议致辞中表示，欧盟与中国在高等教育合作方面有着相契合的目标和巨大合作潜力，高等教育交流与合作平台的启动标志着中欧高等教育合作进入了全新阶段（中华人民共和国驻欧盟使团，2013）。1978年以来，欧洲来华专家累计达到160万人次，截至2018年年底，欧洲41国建立了182所孔子学院和341个孔子课堂，在各大洲孔子学院数量中排名首位，截至2016年年底中国在欧盟的留学人员总数已达到约30万。

　　除了高层文化对话和交流，两国驻外使团也积极推进与民众之间的文化交流，定期举办电影节、开放日等活动，增进双方民众对彼此的了解。2015年7月，首届中国—欧盟文化艺术节在布鲁塞尔开幕，此后每年举办一次，通过艺术展、民族歌舞表演等形式增进双方的相互认识（中华人民共和国驻欧盟使团，2015）。同时，欧盟自20世纪末开始在中国建立欧洲文献中心，用以传播欧盟信息及相关政策，2015年9月，中国文化中心在欧盟总部所在地布鲁塞尔落成（付敬，郜爽，2015），为双方民众的互相学习和了解提供了更为完善的基础设施和途径。此外，双方在旅游方面的合作也逐渐升温，为促进双方旅游业发展，欧盟委员会主席容克与中国总理李克强于2016年宣布2018年为中国—欧盟旅游年，旅游年期间中欧双方共举办100余场宣传活动，2018年5月至8月，中欧之间开通了13条新航线。2019年9月至12月，中国还计划开通7条通往4个欧盟国家的新航线，促进中欧旅游业进一步发展（任丽颖，2019）。

回望中欧双方近五十年的交往历程，我们不难发现，中欧往来的历史也是中欧友谊不断深化的历史。从冷战时期二级格局中各占一边的东西对立，到摆脱对美苏大国的依附走上独立发展的外交道路，再到冷战结束后的关系升温与低谷反弹，中欧关系一步步深化。中国与欧盟之间几乎不存在根本性的利益冲突，两者具有良好的交往与合作基础。随着"一带一路"倡议的提出，欧盟的中东欧成员国，希腊、意大利等国已经和我们签署了"一带一路"合作协议。但是欧盟整体上视经济迅速发展的中国为外部挑战，法国、德国等西欧国家对"一带一路"存疑。2019年12月1日新一届欧盟委员会、欧盟理事会领导人履职，把中欧关系作为未来欧盟的工作重点之一。在此背景下，中欧双方的互知互信对于中欧关系进入新时代更为重要。张莉（Zhang，2011）在《新闻媒体和中欧关系》的著作中论证了新闻媒体在中欧关系中的重要性，尤其是欧盟媒体的对华报道对1995—2003年期间欧盟对华政策制定的影响。本书后面的章节将从文化、认知和媒体等具体的角度讨论中欧的相互认知和议题传播，在中欧关系的人文交流视角方面做出贡献。

[参考文献]

［1］杜尚泽，许立群，刘歌．习近平同范龙佩举行会谈 会见巴罗佐、舒尔茨——结合中欧两大力量 打造四大伙伴关系［N/OL］．人民日报（海外版），2014-04-01.

[2] 付敬，郜爽．中国文化中心在欧盟总部正式落成 [EB/OL]．中国日报中文网，2015 – 09 – 17．

[3] 国家统计局．重大战略扎实推进　区域发展成效显著——新中国成立70周年经济社会发展成就系列报告之十八 [Z/OL]．国家统计局，2019 – 08 – 19．

[4] 黄平．"一带一路"与欧洲 [M]．北京：时事出版社，2017．

[5] 金玲．"一带一路"与欧洲"容克计划"的战略对接研究 [J]．国际展望，2015（7）：1 – 14，151．

[6] 刘华．习近平会见欧洲理事会主席图斯克和欧盟委员会主席容克 [N/OL]．新华网，2018 – 07 – 06．

[7] 任丽颖．旅游合作升温，助推中欧民心相通 [N/OL]．新华网，2019 – 04 – 08．

[8] 桑德施奈德，李靖堃．中欧关系观念、政策与前景（欧洲研究丛书参考系列）[M]．北京：社会科学文献出版社，2010．

[9] 宋新宁，丁韶彬，译谷．中国—欧盟：互利共赢　战略伙伴全面合作 [M]．北京：五洲传播出版社，2016．

[10] 吴绮敏，姚立，吴云．温家宝访问欧盟：选择了一个不同寻常的时机 [N/OL]．人民网，2004 – 05 – 07．

[11] 新华国际头条．第一报道 | 数说中欧四大伙伴关系 [EB/OL]．环球网，2019 – 03 – 21．

[12] 新华社．第十三次中欧领导人会晤联合新闻公报（全文）[EB/OL]．中国政府网，2010 – 10 – 07．

[13] 新华社．欧盟委员会提出未来五年对华战略 [EB/OL]．新

华网，2016 – 06 – 23.

[14] 中国新闻网. 中英、中欧高级别人文交流机制将启动 [EB/OL]. 环球网，2012 – 04 – 10.

[15] 张怀水. 40 年增 250 倍！中欧贸易飞速发展　李克强出访欧洲培育合作新亮点 [EB/OL]. 中国政府网，2019 – 04 – 10.

[16] 中国"一带一路"网. 欧盟：容克计划 [EB/OL]. 中国"一带一路"网，2016 – 09 – 29.

[17] 中华人民共和国商务部. 商务部召开例行新闻发布会（2019 年 2 月 28 日）[EB/OL]. 中华人民共和国商务部，2019 – 03 – 01.

[18] 中华人民共和国商务部. 商务部召开例行新闻发布会（2019 年 4 月 4 日）[EB/OL]. 中华人民共和国商务部，2019 – 04 – 08.

[19] 中华人民共和国商务部欧洲司. 中欧合作 2020 战略规划 [Z/OL]. 中华人民共和国商务部欧洲司网站，2016 – 01 – 14.

[20] 中华人民共和国外交部. 中国同欧盟的关系 [Z/OL]. 中华人民共和国外交部，2017 – 01.

[21] 中华人民共和国中央人民政府. 中国对欧盟政策文件 [Z/OL]. 中国政府网，2003 – 01 – 01.

[22] 中华人民共和国驻欧盟使团. 中欧高等教育交流与合作平台第一次会议在布鲁塞尔召开 [EB/OL]. 中华人民共和国驻欧盟使团网站，2013 – 04 – 27.

[23] 中华人民共和国驻欧盟使团. 驻欧盟使团张立荣公使出席首届"中国—欧盟文化节"开幕式 [EB/OL]. 中华人民共和国驻欧盟使团网站，2015 – 07 – 15.

[24] 周弘. "一带一路"与中欧关系 [J]. 南开学报 (哲学社会科学版), 2017 (3): 14 – 19.

[25] 周弘. 中欧关系研究报告 (2014): 盘点战略伙伴关系十年 (中欧关系蓝皮书) [M]. 北京: 社会科学文献出版社, 2013.

[26] BROWN K, BEATSON S. The european union and china: The need for a more politicised relationship [J]. Asia & the Pacific Policy Studies, 2016, 3 (3), 412 – 419.

[27] Commission of the European Communities. EU – China: Closer Partners, Growing Responsibilities, COM (2006) 632 final [Z/OL]. Archive of European Integration, University of Pittsburgh, 2019 – 05 – 11.

[28] SCOTT D. Trust, structures and Track – 2 Dialogue in the EU – China relationship: resetting and resettling a "strategic partnership"? [J]. Asia Europe Journal, 2014, 12 (1 – 2), 21.

[29] European Commission. Joint Communication to the European Parliament and the Council—Elements for a new EU strategy on China, JOIN (2016) 30 final [Z/OL]. European Union External Action, 2016 – 06 – 26.

[30] CASARINI N. When AllRoads Lead to Beijing. Assessing China's New Silk Road and its Implications for Europe [J]. The International Spectator, 2016, 51 (4), 95 – 108.

[31] PARDO P. Europe's financial security and Chinese economic statecraft: The case of the Belt and Road Initiative [J]. Asia Europe Journal, 2018, 16 (3), 237 – 250.

[32] WU P K, JENSEN M D. Examining the EU – China relationship

in the aftermath of the economic crisis [J]. International Journal of Public Administration, 2017, 40 (14), 1223 – 1236.

[33] ZHANG L. News Media and EU – China [M]. New York: Palgrave Macmillan, 2011.

中欧数字经济合作的战略选择与政策方向

顾虹飞　边敏嘉*

[摘要]

当前国际格局正处在大发展、大变革、大调整的新阶段，以互联网为代表的信息技术迅猛发展，引领了全球经济及社会发展的巨大变革，网络空间已经成为人类生活的新空间。建立安全、多边合作的互联网治理体系，有助于实现网络空间的共同利益。信息通信技术产业的发展所带来的通信行业变革，以及智能终端不断取得的突破性进展，将会给未来社会的信息化带来深刻的改变。

中国和欧盟都已经意识到数字经济正逐步成为一个有着巨大市场潜力、具有广阔合作发展空间的领域。因此，中国与欧盟分别出台了围绕数字经济建设的国家战略和产业政策，这为中欧数字经济合作带来了宝贵的发展契机。本文尝试从现状、机遇及前景等层面分析中欧数字经济

＊ 作者单位：顾虹飞，西安外国语大学国际关系学院；边敏嘉，外交学院外交学与外事管理系。作者感谢中国社会科学院欧洲研究所刘作奎研究员、对外经贸大学国际关系学院王宏禹教授对本文的建议，西安外国语大学国际关系学院王齐超博士对本文亦有贡献。

合作这一议题，以利于更好地推动双方的数字经济合作进程。

[关键词] 数字经济合作　5G　中欧关系

数字经济是继农业经济、工业经济之后的一种新的经济社会发展形态，随着数字经济的发展，其内涵和外延不断扩展，大数据、云计算、物联网、人工智能等为代表的新一代信息技术的快速发展加快了传统产业数字化创新的步伐。数字经济逐步成为增长最快、最具创新性的经济活动，在基础设施、生产要素、产业结构和治理结构方面，表现出可与传统经济模式不同的新特征（中国信息通信研究院，2017）。当前国际秩序正在不断变化中呈现新的面貌，不确定因素明显增多。数字经济的大规模快速发展，加之全球化进程的传播、扩散和冲刷作用，使得世界正在形成新的政治、经济、社会和文化生态。特别是中国和美国在通信技术领域的竞争使得欧洲国家需要面对中美之间的"选择"问题。例如，意大利成为首个与中国签订"一带一路"备忘录的"七国集团"国家；波兰逮捕了华为公司在当地主管的事件发生后，波兰政府或采取修法来对我国资讯科技公司所生产的产品加以限制。

在国际格局走向两极化的趋势下，传统意识形态上的"二分"对国家关系的影响正在下降。数字经济的出现改变了国家之间的传统关系，模糊了国家间的传统边界，并加剧了国家间的竞争关系。因此，寻求建立新型国际关系的中国和欧盟应该如何利用当前的机遇，应对风险和挑战，出台举措，以促进双方在数字经济中的有效合作？这是本文试图回答的一个问题。

一、全球性大国战略竞争焦点的转移

作为一种新的经济模式，数字经济不同于传统经济的特征。随着互联网的快速发展，数据逐渐成为经济发展的主要生产因素，消除了人与人，乃至物与物之间的联通障碍。庞大的数据量及应用需求使数据愈加成为重要的战略资产。在工业经济时代，经济活动依赖于铁路和公路等有形基础设施，数字技术出现后，网络已成为信息技术的重要手段。随着数字经济的发展，数字基础设施的概念已经变得更加广泛，包括固定宽带和无线网络等信息基础设施，以及对传统基础设施的数字化改造，进而为数字经济发展提供了基础条件。

数字基础设施的建设是数字经济发展的必要条件，互联网的发展摆脱了固定终端的束缚，拓展了互联网的应用场景。5G 的出现将使速率和带宽标准的可靠性大大提升，从而促进国家经济社会的创新发展。根据牛津经济研究院（Oxford Economics）针对数字技术在全球企业和经济中的渗透程度的研究，数字化密度的提升能够显著促进经济增长。以2014 年的价格水平计算，数字化密度每增加 10 分（100 分制），将使发达经济体 GDP 的年均增长率提升 0.3 个百分点，使新兴经济体的增长提升 0.6 个百分点，到 2020 年美国和中国将分别获得 3700 亿美元和4200 亿美元的新增产值。

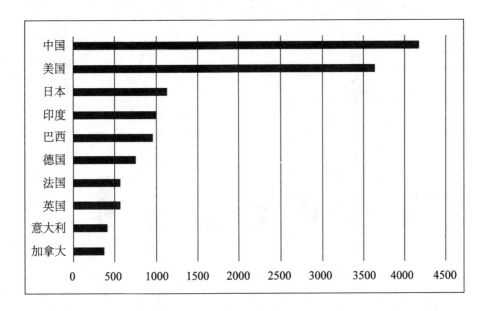

图 1 世界主要国家数字化密度提升后的 GDP 规模（亿美元）

数据来源：Digital Density Index，牛津经济研究院（Oxford Economics）。

信息技术、通信设备和互联网的大面积应用所产生的溢出效应也导致全社会回报率的增长，并最终影响到经济发展（Koutroumpis，2009）。中国信息通信研究院的数据显示，2018 年，我国数字经济规模达到 3.4 万亿元，占 GDP 比重为 30.3%。而德国、美国、英国数字经济占 GDP 比重已分别达到 59.1%、58.2% 和 54.5%，数字经济在其 GDP 中占据主导地位。同时，近年来，主要经济体的数字经济增速显著高于 GDP 增速。例如，2018 年美国数字经济增速高达 6.8%，高于同期 GDP 1.6% 的增速；我国按可比口径计算，名义增长 20.9%，也显著高于同期 GDP 6.6% 的增速。

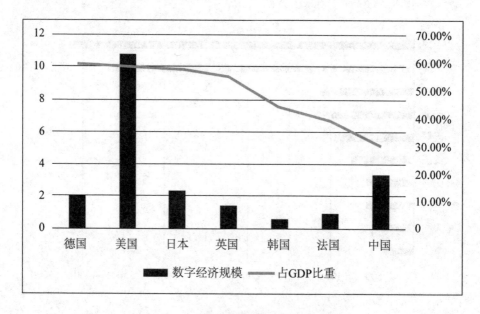

图2　世界主要国家数字经济占 GDP 比重

数据来源：《G20 国家数字经济发展研究报告》，中国信息通信研究院。

在此背景下，数字经济发展所带来的数据与信息流动创造了更高效和透明的全球市场，数字化通信和交易也使传统边际成本大大降低。在数字经济中，数字产品可以很容易地进行复制和传播，数字经济的发展通常符合梅特卡夫法则，网络价值以网络节点/用户数的平方的速度增长，即网络的价值 $V = K \times N^2$（K 为价值系数，N 为用户数量），在基础设施成本一定的情况下，使用的用户越多，则带来的价值就越大。因此就导致了更多的用户可以通过比较低廉的成本获得产品，有效地增强了产品的累积增值性（董晓松，2017）。与此同时，大数据的整合功能可以把零散而无序的大量资料、数据、信息按照使用者的要求进行加工分析，从而形成有序且高质量的信息资源，新的财富来源之争使传统的国际合作产生了新的变化。截至 2018 年，在全球市值最高的十家企业中，有苹果、谷歌、微软、亚马逊、腾讯控股等多家数字化企业。

表1　全球市值十强企业（截至 2018 年年底）

排名	公司	市值（亿美元）	所属国家
1	苹果	8858.88	美国
2	谷歌	8251.05	美国
3	微软	7257.14	美国
4	亚马逊	6756.09	美国
5	腾讯控股	5724.75	中国
6	脸书	5517.97	美国
7	伯克希尔－哈撒韦	5363	美国
8	阿里巴巴	5256	中国
9	摩根大通	4035.98	美国
10	中国工商银行	3958.31	中国

数据来源：Global Top 100 companies by market capitalization，普华永道（PwC）。

　　达维多（Davidow）认为，任何企业在本产业中必须不断更新自己的产品，因此数字经济更注重创新，进入市场的初代产品往往可以自动获得较大占比的市场份额。因此任何国家在企业发展中必须不断地创新产品以应对可能形成的垄断式竞争（Davidow and Malone，1992）。此外，戈登·摩尔（Moore）曾提出，当价格不变时，集成电路上可容纳的晶体管数目约每隔 18 个月就会增加一倍，性能也提升一倍，数字经济的发展也往往符合这一规律，即"摩尔定律"（Moore's Law）。因此超越式的技术竞争也降低了传统研发成本，对于一般产品而言，生产一单位产品的边际成本超过一定的限度后会有所上升，而数字产品基于网络传播的特征突破了这一限制（刘顺鸿，2017）。网络时代数字经济的快速增长，使得在大国竞争中的决定性因素得以纠偏，竞争不再是控制地理和自然资源，而是在无线领域的科技优势。当前欧洲国家对美国遏制华为政策的分歧，除了技术及市场的需求，也是对外决策淡化了意识形态倾向的体现。有别于传统的意识形态之争，数字技术的发展模糊了国家之间的边界，也使人们增强了理性认识，从而使对科学技术的信任超越了强调政治正确的意识形态的信任。因此，有别于现有国际社会的权力结构固定性，网络空间的无规则性也使大国在数字基础设施中的技术标准之争成为国际规则制定权的争夺焦点。

二、中欧数字经济发展的各自特征

（一）欧盟数字经济发展的突出特征

早在 2010 年，欧盟在其发布的"欧洲发展战略"（Europe 2020 Strategy）规划中确立了《欧洲数字议程》（Digital Agenda for Europe，以下简称《议程》），以期助力欧洲在数字经济领域实现持续稳定增长。《议程》分析了影响欧盟信息技术发展的主要障碍，包括市场间的壁垒、网络犯罪的风险、投资及研发创新不足等。针对这些问题，欧盟委员会提出了七项主要措施：

表 2　《欧洲数字议程》（Digital Agenda for Europe）的主要措施

1. 建立一个新的数字市场，让数字时代的各种优势能及时共享。
2. 改进信息技术领域的标准与互操作性。
3. 增强网络信任与安全措施。
4. 增加欧盟对快速和超速互联网的接入。
5. 加强信息技术的前沿研发与创新。
6. 加强全体欧洲人的数字技能与可接入的在线服务。
7. 释放信息技术服务社会的潜能，应对社会各种挑战。

信息来源：Digital Agenda for Europe，欧盟委员会（European Commission）。

因此，为了打破欧盟境内的数字市场壁垒，欧盟委员会随后发布了"单一数字市场"战略，以协助欧盟在新一轮经济危机中能够抓住机遇、找到经济增长的突破口。该战略提出了建设单一数字市场的三大重点领域：

第一，为个人和企业提供更好的数字产品和服务。包括：出台措施促进跨境网络零售发展；保障消费者权益；提供速度更快、价格更实惠的包裹快递服务；打破地域界限，改变同种商品不同成员国、不同价格的现状；改革版权保护法；推动提供跨境电视服务。

第二，创造有利于数字网络和服务繁荣发展的环境。包括：全面改革欧盟的电信领域规章制度；重新审查视听媒体组织框架以适应时代需求；全方位分析评估搜索引擎、社交媒体、应用商店等在线平台的作用；加强数字化服务领域的安全管理，尤其是个人数据等。

第三，最大化实现数字经济的增长潜力。包括：提出、推动促进欧盟范围的数据资源自由流动的"欧洲数据自由流动计划"（Regulation on the Free Flow of Non – personal Data）；在电子医疗、交通规划等对单一数字市场发展至关重要的领域，推动建立统一标准和互通功能；建成一个包容性的数字化社会，使民众能抓住互联网发展带来的机遇和就业机会。

在此基础上，欧盟委员会推行了数字化欧盟计划，该计划基于现有的各成员国的研发基础，旨在创建欧洲开放的云计算服务和数据研发。数字化对欧盟维持其在数字领域的全球竞争力至关重要，为此，这一计划投入500亿欧元，以支持数字经济的发展。另外，欧盟委员会通过《建立欧盟数据经济》（Building a European Data Economy），开展了欧盟经济数据建设，作为创新和增长的主要来源，需要确保数据的流动性及使用性。此外，欧盟还通过《共享数据空间》（Towards a Common European Data Space）计划，制定了数据交换及共享的相关规则，旨在使数据得以开放，进而应用于科研及产业发展，并通过数据基础设施提升高带宽网络、大规模存储设施和超级计算机的运算能力。

但是，无论是设备、应用程序、数据存储库、服务和网络在当前的欧盟都缺乏互操作性和可扩展性标准。而与此同时，相关标准的制定、衍生的知识产权规则以及衍生品定价权都需要经过欧盟委员会的审查机制。此外，现有的战略中规划：到2020年，50%以上的家庭能够拥有100Mbps以上互联网接入服务。此举是为了使更多的欧洲家庭和企业能够流畅地使用高清电视和视频会议服务。而为了将这一雄心变为现实，欧盟委员会的数字议程正在将一部分公共资金用于宽带基础设施，并提出"无线电频谱计划"。在2018年，欧盟出台可供新一代5G业务使用

20 年的频谱资源，以追赶全球部署联网产品的脚步。根据政策决定，5G 业务将于 2020 年遍布欧洲，以促进车联网、健康相关产业、智能城市的发展，并激励电信运营商提速 5G 网络。同时带来更快的电话和视频体验，以及在未来十年内实现联网汽车和工业传感器的研发与使用。

（二）中国数字经济发展的突出特征

2014 年 2 月，在中央网络安全和信息化领导小组第一次会议上，习近平总书记在做出"我国已成为网络大国"判断的同时，指出"国内互联网发展瓶颈仍然较为突出"。随后，在 2016 年和 2018 年的网络安全和信息化工作座谈会上，习近平总书记先后提出了对网络强国战略的部署。要以"一带一路"建设等为契机，加强同沿线国家特别是发展中国家在网络基础设施建设、数字经济、网络安全等方面的合作，建设"21 世纪数字丝绸之路"。

我国通过实施网络强国、"互联网＋"、促进电子商务发展等一系列重大战略和行动，加快传统产业数字化、智能化，推动互联网和实体经济融合发展。在 2016 年制定的"'十三五'规划纲要"中就已将"加快建设数字中国，推动信息技术与经济社会发展深度融合"列入其中。2016 年 9 月，在二十国集团（G20）峰会上，我国倡导签署了《二十国集团数字经济发展与合作协议》，并首次使用了"数字经济"的说法。2017 年 3 月，在第十二届全国人民代表大会第五次会议上，我国将"数字经济"首次写进政府报告，旨在以创新引领实体经济转型升级，加快培育壮大新兴产业，指出"推动'互联网＋'深入发展，促进数字经济加快成长，让企业广泛受益、群众普遍受惠"。

党的十九大以来，习近平总书记就加快发展数字经济发表了一系列重要讲话，对"实施国家大数据战略，构建以数据为关键要素的数字经济，加快建设数字中国"等工作做出重大战略部署。2018年11月在二十国集团阿根廷峰会上，习近平总书记再次强调，要鼓励创新，促进数字经济和实体经济深度融合。2019年政府工作报告中也指出，深化大数据、人工智能等研发应用，培育新一代信息技术、高端装备、生物医药、新能源汽车、新材料等新兴产业集群，壮大数字经济。

因此，中欧在历史文化、社会意识形态、需求利益方面的差异使得中欧关系在数字经济领域成为竞争与合作的复合体（檀有志，2013）。当前国际竞争和摩擦加剧的趋势，使冷战思维被重新拾起，国际合作的信任经常受到侵蚀，双方难以确定真正的战略意图，巨大的不确定性导致彼此缺乏信任，一旦出现严重的误判，可能会使双方本已胶着的局面进一步加剧，陷入"安全困境"。特别是中国和欧盟之间的"信任赤字"，容易导致双方合作进程中的不安全感加剧。

近年来，中国和欧盟面临着更为复杂多样的国际政治经济环境，双方战略的不确定性正日益增长，可能成为双边数字经济互动中的新格局。中国高科技企业数字技术成功的案例越来越多地出现在欧洲的金融科技、电子商务和通信领域，让一些欧洲国家产生了潜在的对国家信息安全的担心。随着中美贸易摩擦，以及西方国家"中国威胁论"的影响，部分欧洲国家对我国企业"走出去"设置了多种技术及安全壁垒，中国的军民两用技术与产品的不断转移更是加剧了这些担忧，欧洲国家对我国的数字经济合作采取了怀疑态度。

三、中欧数字经济合作的发展契机

数字经济和网络安全正在成为中欧之间的一项新议题。当前，随着以人工智能为引领的信息通信技术时代的到来，一个快速和不断发展的全球互联网市场正在蓬勃发展，中欧之间在数字经济领域的合作也为双方的经济和社会发展提供了重要机遇。一方面，移动互联网技术需要以无线形式为链接的通信技术，这就需要更高的数据传输速率，以及能够支撑在大通道联通的情况下运行。另一方面，随着超高清、人工智能（AI）、虚拟现实（VR）、云存储和物联网的发展，则更加迫切地需要现有技术的革新。此外，中小经济体可以借助 5G 设施，降低生产的边际成本，更好地促进生产和消费的互动，同时通过数字化转型重获产业竞争力。而完善数字基础设施是数字经济发展的前提，5G 的商用以及互联网规模的扩大及普及率的提高，在一定程度上弥补了人口规模和要素成本优势的逐渐消失。

中国和欧盟在数字基础设施方面有着良好的合作基础。在信息技术、电信和信息对话机制方面，我国的国际移动通信 IMT – 2020（5G）推进组和欧盟 5G PPP（5G 公私合作伙伴关系）签署了《5G 合作备忘录》，并通过联合研究项目开展研发合作，例如关于数字技术研究、创新和标准化的共同项目，包括物联网、智慧城市和互联网治理等领域。同时，由于中国和欧洲的 ICT 公司已属同一价值链，双方商业团体之间的合作正在迅速扩展并变得紧密。预计 5G PPP 将为数字议程中确定的一些社会挑战提供解决方案。例如，优化的射频使用。此外，中国和欧盟在制定国际标准和技术研发方面取得了积极成果，促进了全球 5G 标准的形成，加强了产业链的完善。从 3G（TD - SCDMA）到 4G（TD - LTE）再到 5G，中欧双方作为全球移动通信领域的重要成员，双方的高校、研究机构和企业之间建立了成熟产学研合作和沟通机制，促进了移动通信从技术到产业的发展。第五代移动通信技术作为下一代移动通信的标准体系，是中欧双方在夯实数字经济领域发展的支柱。5G 通过千兆比速率提供新的应用程序和服务来改善最终用户体验并显著提高性能和可靠性，将在原有移动网络的基础上支持新的服务和新的商业模式，为中欧双方提供了超越提供链接服务的机会，使双方的相关移动运营商以可承受的成本为各行各业的消费者和企业开发丰富的解决方案和服务。

随着 5G 的到来，中方 IMT - 2020（5G）推进组针对 5G 测试制订了 2016—2020 年的五年行动计划（如图 3 所示）。主要目标是推动 5G 关键技术和技术解决方案的研发，推动统一标准的形成，加速产品开发，并打造完整的生态产业链。为支持 5G 技术研发，国家"863"高科技计划进行了两期项目资助，共涉及几十个 5G 课题。此外，国家科技重大专项在过去几年针对无线技术、网络与业务、关键设备/模块/平台的项目资助中，5G 相关项目占据一半以上。这些项目较好地促进了 5G 基站、终端、测试仪表、芯片和网络等原型设备开发，以跟进中国 5G 试验时间表。此外，自 2018 年起，中国启动了技术研发试验的系统方案验证阶段，目前为止已规划了总计 12 个城市，每个城市的网络规模达到 100 个基站以上，对产品、网络、业务和用户体验进行测试（陈山枝，唐绍莉，2018）。

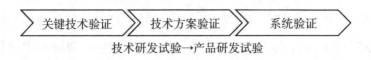

技术研发试验→产品研发试验

图 3　5G 计划推进机制流程

由此，中欧在数字经济领域，无论是产业政策还是发展战略，双方都可以利用优势的互补性，即创新技术和巨大的市场，进一步改进数字化进程、技术以及新一代基础设施。数字经济在中欧关系中的重要性也日益增强，以 5G 发展所引领的数字经济合作成为中欧双方的重点合作领域。欧盟与我国工业和信息化部（MIIT）在信息通信技术（ICT）领域开展合作，并共同成立网络工作组，派双方代表共同担任主席，为在数字经济领域开展对话合作提供了制度框架。自 2015 年中欧签署《5G 联合声明》以来，双方开展了大量的交流与合作。在第二十一次中欧领导人签署的《联合声明》中，更是表示双方在 5G 领域的合作将为未来经济社会发展提供支持。例如，全球最大的移动芯片设计商高通公司已经与中国移动建立了 5G 研究中心，爱立信还在中国开设了 5G "试验台"，中欧之间的 5G 合作将获得数字经济领域的竞争优势。

四、中欧数字经济合作的挑战

中国在信息技术领域的迅速发展，以及华为等中国企业在欧洲所提供的电信网络及数据服务也引起了欧洲的担忧。虽然欧盟成员国非常重视 5G 技术发展，但欧盟目前采取的措施还不够。欧洲的电信运营商面临着迅速推出 5G 服务的巨大压力，5G 标准所在的网络空间竞争力的丧失正成为迫在眉睫的问题。随着 5G 技术的不断成熟，欧洲担心在此方面的发展会被华为等中国的企业所"包围"。当前，我国是唯一领先于联合国国际电信联盟"2020 年 5G 发展计划"的国家，在国际标准化组织（ISO）的 5G 小组（3rd Generation Partnership Project，3GPP）中发挥着主导作用。

（一）数字鸿沟的障碍

数字经济鸿沟反映了中国和欧洲在社会和经济背景方面的巨大差距，存在显著的中心—边缘秩序。一方面，由于缺乏技术和资金支持，一些地区仍不能融入数字经济网络。另一方面，基于技术资本和市场垄断的先天优势，发达国家不断巩固数字经济的优势地位，设置更高的市场壁垒。就中国而言，中国的网络社区已经成为世界上最大的社区，中国互联网络信息中心（CNNIC）的数据显示，截至 2018 年 12 月，我国网民规模达 8.29 亿，居全球首位，网络普及率达 58.4%，移动终端网民规模达 8.17 亿，网民通过手机接入互联网的比例高达 98.6%。但是，尽管用户数量庞大，根据《互联网世界统计》（IWS）的统计数据，中国并未入围全球互联网普及率最高的 50 个国家，而全球的互联网普及率的合格值为 65%。就欧盟而言，如德国等一些欧盟成员国数字化程度已经跻身世界前列，但大多数成员国的发展相对滞后，且增长乏力，仍不及欧盟平均水平。

此外，数据与人员、技术以及资本处于同等重要的地位，但是，中欧各自的公开数据存在标准不统一、影响使用效率的问题，数据质量的改善有赖于政府部门发布通用标准和程序，以提高数据的规范化程度，否则数据供给层面将形成鸿沟。中国和欧洲之间社会经济、技术和语言因素的差异导致数字产品和互联网所代表的数字经济的不均衡传播。电子与通信产业发展所带来的使用成本高、缺乏语言优势，以及技术支持薄弱等原因仍然是中欧在数字经济合作领域的障碍。

（二）中欧之间的规制方式差异

数据是数字经济中的一个重要因素，但数据的大量增加在一定程度上导致了"数据过载"现象。数字技术的大范围使用在提高效率和促进创新的同时，在数据知识产权方面，中欧之间的规制差异也带来了隐私保护、网络安全、劳动保障等问题。欧盟创造了公民数据隐私的政治共识，但是在使民众充分享受数字经济益处的措施层面没有达成类似的共识，而哪些数据可以被应用恰恰是其矛盾所在。多数欧盟成员国仍然有很多特定的监管法规，严格程度并不相同，而正是这样的不一致性和不确定性造成了中欧双方数字行业企业的进入和扩张政策方面的问题。

因此，中欧还需逐步了解数字经济合作中的法律及规则差异。2018年，我国和欧盟分别出台了《信息安全技术个人信息安全规范》和《一般数据保护条例》（General Data Protection Regulation，即 GDPR）。二者均引入了国际通行的个人信息原则、定义标准、权利框架以及个人信息风险控制等原则。但在个人敏感信息范围和处理限制、数据的主体权利等方面仍有不同。我国的个人信息安全规范对欧盟 GDPR 中有争议的部分进行了修正，更适合中国数字经济的发展要求，对需要"走出去"的中国企业来说，则需要完成产品或服务设计、公司运营中注意默认隐私的要求才能符合欧盟的法规。而对于已经满足 GDPR 的经营组织，也需要对隐私政策的文本进行修正，才能符合中方的要求。从总体上看，中欧之间的数字经济规制并没有本质上的差异，也体现了双方对于个人信息保护的趋同性要求。

（三）传统意识形态竞争的式微

随着数字经济逐渐成为中国与欧盟的国际合作新领域，其中的安全风险也成为中欧之间的焦点。在我国发布的最新《中国对欧盟政策文件》中，提到"深化网络空间的安全合作"。数字经济的发展，使有关数字安全的威胁及漏洞也在增多，影响到各个行业。网络安全所带来的影响是数字经济产业的基础，数字基础设施的发展加速了安全威胁的传播和渗透，因此也对安全性提出了新的要求。随着传统产业的数字化、网络化和智能化转变，其安全风险逐渐蔓延到智能医疗和金融技术、汽车网络和工业互联网等新兴产业的整合。

自特朗普政府执政以来，中美之间的战略关系出现了新的复杂变化，加之欧洲国家民粹主义抬头，使欧洲在对华战略定位和认知方面也取得了一些新的共识。随着中国在数字经济领域的飞速发展，中欧之间影响力的此消彼长也使其对华战略的"两枝化"（bifurcation）更为突出。一方面，欧洲需要中国的合作和支持，将中国视为一个合作伙伴，数字经济所带来的机遇为中欧之间的合作提供了潜在的途径，也为双方企业带来了更多的机会。另一方面，欧洲又将中国视为一个强大的竞争者，2019 年 3 月 12 日，欧盟委员会及欧盟对外事务部在布鲁塞尔发布了《中欧联合展望》（China – EU a Strategic Outlook）的报告，报告首次在双边经贸及科技领域将中国定位为"追求技术领导权的经济竞争者"和"竞争对手"（competitor），欧盟委员会提出的十项行动大多也与数字经济相关，并提出了旨在保护"欧盟数字竞争力和战略自主权"的措施。这是欧盟对华关系的重大变化。虽然与美国相比，欧盟在对待中国的态度上尚显温和，但与之前的欧盟立场相比，声明措辞异常强硬，并且在 5G 网络等数字经济发展的关键领域出台了具体的行动。这种战略定位和对华政策的两面性直接反映到中欧在数字经济领域的合作关系之中。尽管中国在 2018 年的政策文件中重申了与欧盟发展数字经济的承诺，但是正如欧盟在其《互联互通战略》中提道的："欧盟应促进和平、安全和开放的 ICT 环境，同时应对网络安全威胁并在线保护人权和自由，并通过一致的监管方法来保护个人数据"，在与中国进行双边合作时，欧盟需要"在国际标准市场准入原则和公平竞争原则"下来加强双边合作。

从国际外部环境而言，美国作为全球信息通信技术领域的大国，通过并购方式在逐步增强实力，压制中国的发展。但是，欧洲国家对华战略的两面性更加突出，一方面欧洲对中国的崛起感到不平衡，将中国作为战略竞争者的一面上升，进一步加强对中国的战略防范。但另一方面，欧洲需要与中国在全球和地区事务中展开合作，数字经济发展致使中欧之间的竞争与合作不再围绕传统意识形态的"二分"，而是依照技术水平和市场需要来进行合作。

五、结论

上述欧洲和中国在各自数字经济领域发展的诉求，促成了双方在此方面合作的契机。中欧先后签署了《中欧科技合作协定》《中欧科技伙伴计划》《中欧创新合作对话联合声明》，旨在从科技治理体系、合作模式、资助方式等方面不断创新，逐渐实现从科技合作向创新研发的转型（张敏，2018）。早在2015年，中欧双方就曾在中欧经贸高层对话上签署了"第五代通信网络技术伙伴关系协议"，欧盟与中国IMT–2020（5G）推广小组的5G合作伙伴也签署了类似的行业协议，鼓励资助5G研究，促进中欧信息及通信技术领域的合作，同时倡导5G技术在市场准入、科研合作方面的互惠互助。2019年4月，在第二十一次中欧领导人会晤期间，双方一致同意续签《中欧科技合作协定》，并通过了《第四次中欧创新合作对话联合公报》。

当前，中欧之间通过共同筹资机制（CFM）资助，到2020年，在5G领域的投资将超过6.4亿欧元（欧盟委员会，2018）。然而，在制度层面，政府需要通过改进基础设施网络（如ITU21和3GPP）来促进5G的全球标准化。这项任务并不简单，因为5G存在一些新的频谱要求，例如无线电频段的实现。挑战虽然当前，但中欧双方在互相认知上的增进使合作仍然具有前景。双方通过启动中欧数字经济合作，共同实施联合研究行动，系统地监测和比较中国和欧洲之间的监管框架，同时在电子商务、云服务、数据保护、网络安全、5G和未来网络、版权和专利等领域共同合作，以实现欧洲数字议程与中国"互联网＋"之间更好地协同开发5G研究项目并探索5G的服务和应用，特别是在物联网、智能城市、电子卫生、智能交通、教育、娱乐和媒体领域，以及电子银行业务。此外，中欧双方的政府组织、研究机构和私营公司在互惠和获取5G网络研究资金方面的合作，也为双方在市场准入方面的开放提供了渠道。欧洲公司可以参与中国5G研究，而中国企业也可以参与欧盟的5G项目，因此这种类型的联合项目在制度层面可能是非常互补的。

而根据欧盟的计划部署，商用5G网络将于2025年覆盖主要城市和运输路线，运营商总收入将以2.5%的增长率增长，到2025年预计达到1.3万亿美元（European Parliament，2016）。因此，中欧双方发展战略的时间差是中欧双方当前在5G领域的合作契机。为了以可持续的方式满足移动流量超过千倍增长的需求，支持高达1000亿个链接，并在具有超高数据速率的各种场景下提供一致的体验，需要能够处理高速移动网络大量的数据流。因此，随着规模组网验证的深入，中欧双方可以通过汇集资源，更快地开发双方所需的基础设施和技术，同时提高中欧在数字经济市场的竞争力。

因此，无论是中国的"一带一路"倡议或是欧洲的"容克"计划，以及逐渐弥合的信任裂痕，都为中欧数字经济的发展提供了有利的制度环境。作为中欧双方的战略焦点，信息、通信和技术行业（ICT）以及广泛的数字经济技术在双方关系中发挥着日益重要的作用。在数字时代，中欧都在努力适应信息技术变革所带来的环境变化。但是，双方的数字合作必须建立在研究与创新的基础上，协同研发新一代设施，达到先进技术水平，以适应用户服务的最新要求。第五代移动通信技术将为中欧双方的经济发展带来前所未有的变化，实现真正的互联和智联，这也将是中欧双方在数字经济领域合作的绝佳机遇。

［参考文献］

［1］CHENG Y，SONG L L，HUANG L H. The Belt & Road Initiative in the Global Arena［M］// PAULO M. China - Europe Investment Cooperation：A Digital Silk Road. Singapore：Palgrave Macmillan，2018：

177 – 204.

［2］ DAVIDOW W H, MALONE M S. The Virtual Corporation ［M］.
New York: Harper Business, 1992.

［3］ European Commission. Connecting Europe & Asia: The EU Strate-
gy ［R/OL］. European Commission, 2019 – 09 – 26.

［4］ European Commission. EU – China: A Strategic Outlook ［R/OL］.
European Commission, 2019 – 03 – 12.

［5］ European Commission. European 2020 Strategy ［R/OL］. Euro-
pean Commission, 2010 – 03 – 03.

［6］ European Parliament. Identification and Quantification of Key
Socio – Economic Data to Support Strategic Planning for the Introduction of 5G
in Europe ［R/OL］. European Parliament, 2017 – 02 – 06.

［7］ KOZIEL H. USA zwiększaj presję na Huawei ［R/OL］. Rzecz-
pospolita, 2019 – 01 – 29.

［8］ KOUTROUMPIS P. The Economic Impact of Broadband on Growth:
A Simultaneous Approach ［J］. Telecommunications Policy, 2009, 33 (9):
471 – 485.

［9］ Ministry of Industry and Information Technology (China). Joint
Declaration on Strategic Cooperation in the Area of the Fifth Generation of Mo-
bile (IP/15/5715) ［R/OL］. The Ministry of Industry and Information
Technology (MIIT), 2015 – 09 – 28.

［10］ SHI – KUPPER K, OHLBERG M. China's Digital Rise: Challen-
ges for Europe ［J］. MERICS Papers on China, 2019 (7): 26 – 27.

[11] 陈山枝，唐绍莉. 5G 综述及其在中国的进展 [J]. 信息与电子工程前沿，2018（3）.

[12] 董晓松. 中国数字经济及其空间关联 [M]. 北京：社会科学文献出版社，2017.

[13] 科学技术部. 第四次中欧创新合作对话联合公报 [R/OL]. 科学技术部官网，2019 - 04 - 18.

[14] 刘顺鸿. 中美高技术争端分析 [M]. 北京：中国社会科学出版社，2017.

[15] 欧盟委员会. 中国国家科技类资助项目指南（2018）[R/OL]. 欧盟委员会，2018 - 09 - 28.

[16] 檀有志. 网络空间全球治理：国际情势与中国路径 [J]. 世界经济与政治，2013（12）：25 - 42.

[17] 外交部. 2019 年 1 月 14 日外交部发言人华春莹主持例行记者会 [R/OL]. 外交部官网，2019 - 01 - 14.

[18] 新华社. 习近平在二十国集团领导人第十三次峰会上的讲话 [R/OL]. 新华网，2018 - 12 - 01.

[19] 新华社. 习近平在中共中央政治局第二次集体学习时的讲话 [R/OL]. 新华网，2017 - 12 - 09.

[20] 新华社. 习近平总书记关于网络安全和信息化工作重要论述综述 [R/OL]. 新华网，2019 - 10 - 19.

[21] 新华社. 政府工作报告——2017 年 3 月 5 日在第十二届全国人民代表大会第五次会议上 [R/OL]. 新华网，2017 - 03 - 05.

[22] 新华社. 中国对欧盟政策文件（2018 年 12 月）[R/OL].

新华社, 2018 – 12 – 18.

[23] 新华社. 中华人民共和国国民经济和社会发展第十三个五年规划纲要 [R/OL]. 新华社, 2016 – 03 – 17.

[24] 张敏. 中欧科技创新伙伴关系的新变化与新趋势 [J]. 区域经济评论, 2018 (5)：28 – 32.

[25] 中国互联网络信息中心. 第43次中国互联网络发展状况统计报告 [R/OL]. 中国互联网络信息中心, 2019 – 02 – 28.

[26] 中国信息通信研究院, 国家数字经济发展研究报告 (2017) [R/OL]. 中国信息通信研究院, 2018 – 02 – 13.

[27] 中国信息通信研究院. 欧盟 GDPR 合规指引 [R/OL]. 中国信息通信研究院, 2019 – 05 – 01.

[28] 中共中央网络安全和信息化委员会. 二十国集团数字经济发展与合作倡议 [R/OL]. 中共中央网络安全和信息化委员会办公室, 2016 – 09 – 20.

欧洲地图里的中国

——文化地理学视角下的国家形象

王一波　吴璟薇*

[摘要]

地图作为一种表达人们对于地理空间认知的媒介，传递了绘图者对环境的想象和对本身的定位，构建了"人—图像—世界"的三位一体的世界观。地图的绘制从一开始就融合了特定地区人类的时空观和文化特性，是他们对于整个世界的物理空间的洞察。欧洲作为现代制图术的起源地，所绘制的世界地图表现出了当时欧洲人对于世界其他地区的理解。本文立足于文化地理学的视角，探索中国在欧洲地区所绘制的世界地图中的形象及其变迁。"遥远东方中国"在地图中的位置和形状演变，同样也折射出欧洲对于中国文化的理解和认同历程。

[关键词] 中国　欧洲　文化地理学　文化传播　国家形象

---

* 作者单位：清华大学新闻与传播学院

一、绪论

英国作家杰里·布罗顿（Jerry Brotton）2016 年出版的《十二幅地图中的世界史》，通过选取从公元前至 20 世纪的 12 幅地图，透视了世界两千年来的发展历程。这 12 幅地图不完全像是现代地图那样有对地理和边界的准确界定，而是掺杂着对于宇宙空间的想象、宗教的信仰和地缘政治的理念。每张地图都定义着特定文化的世界观，反之世界观也决定着地图的绘制。地图作为文字符号和图像符号的结合载体，不同的政治意识形态出于不同的目的而将其以某种方式呈现。地图天然就是自己、他者和时空的结合体，人们观看地图总是先从自己的位置寻找，接着会看到周围的地理位置。就像布罗顿（2016）所说的："地图总是异地的图像，以想象的方式将观众带向远方，带到未知的地方，在你的手掌心重新定义距离。观看世界地图总是让远方近在咫尺。"

从欧洲的古地图中已经可以看出现代地理学的痕迹，例如亚里士多德（Aristotle）时代对气候带的划分，托勒密（Ptolemy）最早将地图的经线纬线呈现出来，这些都在一定程度上显示出了古希腊时代的先贤对宇宙和哲学的思考。现代制图术的繁荣得益于大航海时代对于地理知识的迫切需求。马可·波罗（Marco Polo）的东方游记发表之后，东方成为欧洲世界开启航海时代的重要目的地，"大胆的航海家冲出地中海寻求绕过非洲的新航线"（梁二平，2017）。欧洲人对于中国的印象随着中国在地图上的形象变迁而改变，同时对于中国的认识也潜移默化地影响着地图中的中国形象。

随着地图发展而来的地理学不仅仅满足于对于地点的描述，在地理学中往往蕴含着客观自然和人文哲学的相互关系。文化地理学主张以"地域的差异作为研究对象"（王鹏飞，2012），地图折射出一种文化对于世界的理解，也在一定程度上体现了文化之间的"差异性"，并且这种差异性随着人类认知水平的提高而改变。美国地理学者索尔给文化地理学下的定义是"研究人类创造的文化地域"，认为这门学科主要探究的是物质文化要素通过"在地球表面的烙印"确定其区域特性（王鹏飞，2012）。从文化地理学的视角出发，本文将探讨欧洲地图里所反映出的中国形象在不同历史时期的特征，这些转变反映出欧洲区域文化特性的变迁。

二、文化地理学与国家形象

四维活动空间包括三维的立体空间加上时间的维度，将地理学与历史学体系进行类比，就可以看出，历史学是将时间作为变量的研究，而地理学则是对于空间的分析。同时两者还是密不可分、相辅相成的，从这个角度来看，地理学主要包括自然地理和人文地理两大部分。与自然地理不同的是，人文地理学在用地理的眼光观察和分析地表的文化现象的时候，"既要寻找地区内部和地区之间文化现象的共同性和规律性，也要重视区域文化现象的多样性与独特性"（邓辉，2012）。一般认为，文化地理学属于人文地理学的一个重要分支，在和自然环境的相互作用方面，文化地理学强调人的作用，其学科内涵扩展到自然地理学的领域。因此，文化地理学主要研究语言、政治等文化现象，解释不同地方的人类活动在表象上和功能上的差别。

回顾"文化地理学"作为一门重要学科分支的发展历史，被称为"文化地理学之父"的美国学者索尔（Carl O. Sauer）堪称奠基人物。20 世纪 20 年代，当时的地理学主要关注的是环境给人类带来影响的"环境决定论"①，而索尔主张提出"文化景观"的概念，并带头逐渐建立了伯克利学派。其主要思想包括：重视地理现象的历史变化与引起其变化的原因，作为引起其变化的要因，他们最重视的过程是"文化传播"。同时，伯克利学派总是对看得见的文化景观要素进行分析，设定文化区域，同时分析文化地域的起源与传播（王鹏飞，2012）。文化传播是一种文化特质或一个文化综合体从一群人传到另外一群人的过程，分为代际的文化传承和横向的文化扩散。文化地理学视角的文化传播现象是文化要素的扩散，欧洲地图的变迁既是绘图者们所处社会的认知变迁，也是被描述对象所具有的文化要素的横向扩散影响的表现（周尚意，2004）。

综上所述，文化地理学在研究途径上，要通过区域分析来研究区域内部和区域之间的文化现象，因此"区域"的概念非常重要。文化区有三种基本类型，分别是形式文化区、功能文化区和乡土文化区（邓辉，2012）。形式文化区是被一个或者多个文化特征的人群所占据的地区，主要文化要素包括建筑、饮食、宗教等。功能文化区是通过政治的、社会的功能作用而组织起来的文化区，乡土文化区则是指主观的、

---

① 认为人的身心特征、社会组织、文化发展等人文现象受自然环境，特别是气候条件支配的论点被称为环境决定论，是人地关系论的一种理论，简称决定论。

存在于人们脑海中的共同认可区域。

本文研究的欧洲地图属于形式文化区的范畴。欧洲的地理学和制图术传承从古希腊到罗马，再到后来的大航海时代。随着时代变迁欧洲有着不同的统治功能区，但在宗教和语言上有着共同的文化区域认可。欧洲和中国分属不同的文化区域（王鹏飞，2012），表现在欧洲地图上的中国形象变化，则反映出两个文化区域之间的距离和差异。

在文化生态理论里，欧洲绘制地图是从环境感知论出发，通过感知、认知和实践的过程来逐渐感受外部地理环境的信息。古希腊通过初步的探索和想象将地球描述为简单的"T－O"形状，亚里士多德根据实践感受将地球划为五个气候带（李忱，2012），大航海时代和几何学的发展为人们进一步精确地绘制地图提供了工具和理论。"由于人的主观认识的局限性，人类感知地理环境和行为地理环境要小于实际的客观地理环境。"（邓辉，2012）受到不同的传统习俗、知识、经验、价值观影响，环境感知论者认为人们形成的精神地图是由人对自然环境的感知决定的，不同文化人群的精神地图会有很大差别。这就解释了中国在欧洲地图里的形象变迁：中世纪以前受制于人类活动空间，欧洲人不知道中国的存在，因此中国此时在欧洲地图中是空白的。大航海开辟的资本殖民时代以利益为上，欧洲资本家想到中国、印度等地，首先是经济利益，所以会"始终徘徊在中国的边界"（郑娴英，2012）以图通商，而对内地地形不甚上心。因此，从历史的角度来看到文化的地域变迁，地图无疑是一种非常好的载体，本文将从几幅欧洲古地图出发，用文化地理学的视角分析其文化现象和文化传播。

目前大多数中国形象研究，主要集中在媒体平台对中国的报道分析和中国国家形象构建策略两个方面。在中国知网以"国家形象"为关键词搜索的文献中，具体相关度较高的 40 篇文献中，关于媒体报道分析的文献有 15 篇，而关于中国国家形象内涵和构建策略分析的文献有 14 篇。前者主要是通过对一段时间内某个媒体平台的报道进行情感分析和语义分析，总结出中国国家形象的特点或者变迁路径①，还有作者从短视频这一新的传播方式中分析中国国家形象的构建②，并在一定的理论框架内给出中国国家形象构建的建议策略。国家形象的塑造，是一个具体而复杂的系统过程，同时也是一国外交的基本目标之一（金正昆，徐庆超，2010）。当代中国的国家形象的塑造，包含了对国家形象的认识、构建、推广、维护与调整等层面。总之，这两种研究趋势，一种是关注较短期的时间内研究中国国家形象在媒体平台中的表现，另一种主要从传播学和国际关系等理论方面阐述塑造国家形象的意义和方法。

本文从文化地理学的视角考察中国国家形象的变迁，主要有两点创新之处。一是以具体的实物地图为出发点，地图具有更长的历史跨度，因此可以更直观地透视中国国家形象的宏观变迁历程；另一方面，文化地理学研究本身就具跨学科的意义，基于文化区域的视角，地图的变迁

---

① 比如《日本报纸中的中国国家形象研究（1995—2005）——以〈朝日新闻〉和〈读卖新闻〉为例》中，作者以日本两家报纸作为研究对象，侧重分析其 1995—2005 年的涉华新闻，主要采用内容分析的定量研究方法，结合定性分析，研究总结了这一时期日本报纸中的中国国家形象。

② 比如《"看"中国：作为"他者"的国家形象建构——基于 Facebook "中国文化"系列短片的文本分析》统计分析了视频用户的积极情绪词与消极情绪词，结合播放量、点赞、分享、评论来衡量视频传播效果，通过视频中中国文化符号呈现以及视频本身的视听说分析，勾画出隐藏于媒介符号之下的国家形象。

背后反映的是文化的差异和文化传播的效果。本文参考的地图包含杰里·布罗顿《十二幅地图中的世界史》中的地图（布罗顿，2016），也有梁二平所著的《从古代海图看世界》（梁二平，2017）中收录的古代欧洲地图，时间跨度接近两千年，地图的精度在发生改变，其中反映出的文化景观变化也已经翻天覆地。文化地理学视角下，欧洲地图中的国家形象是中国文化区域中的文化要素在欧洲社会扩散的影响效果的外在表现。

三、欧洲地图里的中国形象

世界文化的多样性构成了研究文化地理学的动力，东方文化和西方文化由于起源不同，所处的地理环境和气候差异，造成文化之间具有明显的差异性。具体表现在古代地图中的差异，代表着两种文化之间的态度。总体来看，中国的国家形象在欧洲地图中表现出从空白到丰富、从野蛮到文明、从征服到平等的变化。

（一）从空白到丰富

欧洲地理学起源于哲学发达的古希腊地区，"periodos"用来指代地图，意思是"环行地球"，后来被拉丁语"mappa"所指的地图取代（布罗顿，2016）。出于对哲学和宇宙学的思考，人们开始想象地球的形状和在宇宙中的位置，开始去认识整个世界，在这个基础上，希腊人开始了对世界的探索，地理学也就应运而生了。绘制地图的想法也是源于哲学，在一定程度上哲学促进了地图绘制的发展（李忱，2012）。

受制于当时人们对于地球的认识和理解程度，中国在地图中的位置刚开始是"缺失"的。在《十二幅地图中的世界史》的描述里，公元2世纪托勒密在《地理学指南》中已经开始将作为球体的地球在平面上描绘出来。此时的地图上只有欧亚非三块大陆，并且认为非洲和亚洲的东部是连在一起的，印度洋是一个"内陆湖"。随着人们认知范围的不断扩大，欧洲人对于世界长度的估算也开始不断增加。但是由于不知道遥远的东方的具体情况，便把地中海沿岸外的其他地区称为"不可居住地区"，地图成为"对可居住世界相关知识整理归档的工具"（布罗顿，2016）。在托勒密所绘制的地图中，最东方跨过印度洋之后还存在大片的陆地，这是对包括整个东方的地理想象，不过对于中国的地理位置和形状描述与真实情况仍然相去甚远。亚洲东部在地图上的出现，也代表了中国形象在欧洲地图上实现了从无到有的跨越。这得益于东西方文化的交流。秦汉时期，东西方的交往已经密切起来，罗马帝国在那时还被中国历史学家称为大秦，《后汉书·西域传》记载："大秦国一名犁靬，以在海西，亦云海西国。"同时，公元100年前后的罗马商团也曾到达中国，进行丝绸贸易（赵丽云，2013）。因此，托勒密绘制地图时，欧洲社会对于东方这个发达程度相当的帝国已经有所耳闻，不过由于记录方式和传播渠道的限制，依靠口耳相传的信息很难确切描绘出东方具体准确的样子。

《马可·波罗行纪》（后简称《行纪》）中描述了中国富丽堂皇的建筑、丰富的物产、发达的交通，堪称西方世界第一部真正意义上的"发现东方"之巨著（欧阳哲生，2016）。《行纪》对15至18世纪西方读者了解北京有很大影响，并激起了西方人对于中国的渴望，成为那些前往北京访问和旅行的传教士、遣使、商人的旅行指南或观察北京的必备参考书。《行纪》的早期读者中最著名者莫过于哥伦布，这间接促进了新大陆的发现（梁二平，2017）。15世纪时，胡椒、肉豆蔻、肉桂、丁香等开始从东方流入西方，不但成为昂贵的调味料，而且是治疗某些疾病和制作香水的原材料（Hay，1993）。但是直到15世纪末，"通往东方的门户"威尼斯一直把控着陆路进口渠道，这刺激着刚兴起的资本主义向东绕过非洲探索新航路。1502年葡萄牙出版《马可·波罗行纪》时，其前言还在说向往东方的全部愿望都来自想去中国。这些描述固然带有夸张和戏说的性质，但是葡萄牙和西班牙等最早开始大航海的国家的确拓展了中国在欧洲地图中的形象。

16世纪在欧洲不断兴起的资本主义已经成为世界潮流，新航路的开辟和殖民扩张打开了全球化的大门。国家和民族之间的隔绝状态逐渐被打破。1507年，马丁·瓦尔德泽米勒（Martin Waldseemüller）在绘制《世界全图》时，对于东亚的描述主要依据13世纪末的马可·波罗的旅行报告，并据此在地图中标注东方丰富的物产（布罗顿，2016）。部分地区则是沿用托勒密错误的地理信息（布罗顿，2016），比如关于中国具体海岸线的描述还距离实际相差较远。但中国在世界地图中的地理形象也越来越丰富，从空白发展到"黄金""香料"等的产地。

欧洲地图里中国地理的现代形象，成形于17世纪前后的几位传教士，包括利玛窦（Matteo Ricci）、罗明坚（Michele Ruggieri）和卫匡国（Martino Martini）（梁二平，2017）。他们先后来到时值明朝的中国，为中国带来了世界地图，也为世界带去了更详细的中国地图。与前期的地图最大的不同在于，这时的世界地图不仅对于中国的海岸线和周围的海岛有了较为精确的描述，而且对于中国内陆的著名山川湖泊和行政区域的位置也都有了一定的交代。这三个人在描绘中国和认识东方的意义上，为西方的大航海和世界地图做出了杰出的贡献，也留下了宝贵的地理学遗产。在欧洲人绘制的世界地图中，中国的国家形象不只是用单纯的物产来标注，而是和西方国家一样，地图的内容更加丰富，更加客观，这意味着中国在地图上进入"全球化"，中国与欧洲已经在地图上联系在了一起。

（二）从野蛮到文明

所有社会都有关于世界的理念，但不同社会对于世界有着各自独特的想法，再现世界的方法也各异。欧洲地图的绘制在大航海时代以前，很长时间都与宗教和信仰有关。赫里福德（Hereford）在约1300年绘制的《世界地图》是制图史上非常重要的地图之一，也是保存完整的同类地图中的一幅，它"以百科全书式的形式呈现了13世纪基督徒眼中的世界形象"（布罗顿，2016）。而中国所在的东亚地区被认为是基督教世界的边缘，"地图上描绘了金羊毛、传说中的怪兽狮鹫、怪诞的人吃人场景"（布罗顿，2016）。欧洲地图里的中国形象此时和其他被认为无信仰地区，如非洲南部一样，被认为是野蛮、未开化的。

宗教对于社会的影响和控制，在当时的欧洲地图中也体现得淋漓尽致，作为耶稣的诞生地的东方被作为地图的上方，而西方要位于地图的下方。这样的方位确定与现代地图有着较大差别，大航海时代由于北极星容易确定方位而被放置于地图的上方，古代的中国地图也是以北为上，不过是与皇权认为的坐北朝南有关。

中国在欧洲地图上的形象到17世纪时已经有了较大的改观。卫匡国以一名意大利耶稣会传教士的身份在中国游历和实地考察，于1655

年绘制了《中国新地图集》，它是欧洲出版的第一部用投影法制图的全新的中国地图集，精确计算并记录了中国、日本、朝鲜等共 2100 多个乡镇的经纬度，也出现了比较清晰、完整、轮廓接近真实的舟山岛，这是西方第一幅明确标注舟山岛的地图。此外，这本地图集按照行政区划分幅列图，构成一部比较完整的综合性地图集，因而也被誉为"第一部将中国的自然、经济和人文地理概况系统地介绍给欧洲的地图集"（梁二平，2017），卫匡国因此被称为西方"研究中国地理之父"。

欧洲作为民族国家地区，对于地图上的国家领土非常看重。"如果说语言和时间的变化使人们想象国家变成可能，那么地图既然可以改变人们对空间和视觉的感知，就有可能将国家视觉化。"（布罗顿，2016）因此，当中国的详细形状和人文地理开始出现在欧洲地图上的时候，中国的国家形象也开始出现在欧洲人的想象中。这种一幅地图、一个国家和一个民族的思维目前仍然是国家认同的重要组成部分。随着中国在欧洲地图中作为一个国家出现，这意味着在地图中，欧洲开始将中国当成一个文明的国家，中国在欧洲的地理形象完成了从野蛮到文明的一个转变。

在中国国家形象的这种从野蛮到文明的变迁中，可以明显看出文化传播的几个阶段。第一阶段是接触与显现阶段，在接触前，欧洲地图中的中国国家形象是凭借宗教想象来的，是野蛮和落后之地。而在接触之后，以马可·波罗为代表的欧洲人开始将中国描述为富裕、令人向往之地，这便体现出中国文化元素在西方社会的显现。第二个阶段是选择阶段，表现为对外来文化元素的选择、接纳或者拒绝的过程。欧洲对于中国的丝绸、香料、瓷器等奢侈品表现出强烈的兴趣，将瓷器的英文代指中国就是明显的例子。第三个阶段是采纳融合阶段，在越来越多的欧洲人了解了中国之后，开始将中国作为有深厚文明的国家对待，表现在地图上便是中国国家形象的文明化。

（三）从征服到平等

本文前面已经提到，大航海时代的海洋强国对于东方的渴望，来自对具有丰厚利润的香料等产品的需求，因而中国在欧洲的航海图中最初也是作为被征服者出现的。1519 年至 1521 年，麦哲伦（Magallanes）的舰队首次完成了环球航行，证实了地球确实是一个球体。这件事情却引起了当时的海洋强国葡萄牙和西班牙对于东亚各国经度位置的争执，因为两个王室在 1494 年签订了一份地理学上"最狂妄的法令"（布罗顿，2016），以福得角群岛以西三百七十里格的经度将地球平分成两半，以西的土地都归西班牙，以东的土地包括非洲和印度洋全都归属于葡萄牙。世界被两个欧洲王国一分为二，用一幅地图宣示着他们的全球野心。这时候的欧洲显然还不清楚中国的经济实力和军事实力，只是把它当成一个想象中的被征服者。在地球仪上画一条线就宣示拥有土地的做法最终被证明是无法维系的，但是"这种做法塑造了随后 500 年中欧洲在全球的殖民政策"（布罗顿，2016）。

欧洲资本主义的崛起进一步促进了海洋强国对于东亚的征服，以荷兰东印度公司为显著代表的征服者通过军事和经济实力包揽了东亚地区包括印度和东南亚的贸易，葡萄牙也开始利用"软殖民"方式占据了澳门（梁二平，2017）。制图这项原本起源于哲学家对于哲学和宇宙的思考的活动转变成为资本家对于利益的追逐，并且极大地发展了这门科学。地图的绘制和印刷甚至"成为一项相对高利润的生意"，葡萄牙发明了现代制图术的科学工艺，荷兰人将其变成了一项产业。

欧洲这种征服者的态度直接导致了之后列强对于中国的半殖民统治，反映在欧洲地图上便是约翰·布劳（Joan Blaeu）绘制于 1662 年的《大地图集》对于世界其他国家的描述，"各个地区都按照市场和原材料进行标注，而居民也根据他们的商业利益来区分"（布罗顿，2016），地球的每个角落都被绘制成了地图，这是一个由新的赚钱方法界定的新世界。

19 世纪的英国学者哈尔福德·麦金德创建了一种理解和运用地理学的全新方式——地缘政治，开始尝试将自然地理和人文地理（政治地理）结合起来（布罗顿，2016）。他创造了一幅日后被认为是"地缘政治传统中最著名的地图"。这幅地图被命名为《力量的自然位置》①，将世界划分为枢纽地区、外部新月形地区和内部新月形地区。此时的中国正值清朝末期，国力衰微，是西方列强竞相征服和掠夺的对象。不过从地缘政治的角度来看，中国已经被视为重要的力量，中国地处内部新月形地区，影响着东亚地区的政治版图。这张地图完全没有根据国土面积、种族或者宗教系统进行划分，而是开创性地从地理角度来分析国际战略。但是此时的制图术由于受到诸多意识形态的影响，其科学性和客观性也大打折扣（布罗顿，2016）。

德国学者阿诺·彼得斯在 1973 年发明了彼得斯投影法，宣称根据国家和大陆的尺寸和面积，精确地保持了正确的尺寸。因为各国在同一标准下用完全相同的比例尺度描绘出来，中国也因此在地图中获得了平

---

① 1904 年绘制。

等地位。后来又出现的多种投影法，虽然利用的原理不同，但都有着共同的目标，即尽可能用科学和客观的方法来绘制地图。这种方法到信息时代发展到了极致，卫星拍摄的图片具有绝对的客观性，谷歌地球所采用的数字地图也是完全按照实际来描绘地图，世界各地区都获得了在地图上的平等，因为这是从相当于"上帝视角"拍摄的图片转化而来，对于所有地区的大小和位置都是不偏不倚。

这种从征服对象到平等相处的态度变迁既是文化传播的结果，也反映出中国的国家形象在西方社会从弱小到强大的改变。在中国所处的文化区域的文化要素尚未传播到欧洲的时期，中国的国家形象是空缺的，欧洲绘图者根据宗教的想象来填补这种空白。当欧洲两个海洋国家强盛之际，东西方的文化传播还是远远没有达到充分了解的程度，中国被认为是一个弱小的国家形象而被西班牙和葡萄牙划分到自己的势力范围，成为被征服的对象。而当19世纪地缘政治学说开始兴起的时候，中国已经被认为是一个非常有分量的国际力量。

（四）小结

欧洲地图里的中国随着时间经历了由空白到丰富、从野蛮到文明、从征服到平等的变化。地图作为文字符号和图像符号的媒介，地图上的中国形象反映了当时欧洲对于中国的认识，也是中国国家形象的变迁。从文化地理学的视角来看，欧洲通过环境感知来进行地图的绘制，感知程度的变化决定了地图绘制的范围和精度。文化传播也是文化地理学研究的一个重要概念，从地理空间看，文化传播是由文化中心向四周扩散，根据传播途中信息衰减的一般规律，"文化的传播和交流，造成区域内的不同文化要素的混杂，造成区域文化景观的变化"（邓辉，

2012）。世界范围内的文化交流使得所谓的欧洲文化区和中国文化区都不是"纯粹"的，而是各种文化要素的大拼盘。就像马可·波罗在中国的游记激发了欧洲对于中国的向往，中国的印刷术也促进了欧洲制图业的发展（潘吉星，1998）。可见，欧洲地图里的中国也是随着双方的文化传播和交流互相促进的。文化区域之间存在多样性和独特性，不同文化区之间的差异也反映在地图的绘制形式上。不同文化之间的交流和传播造成文化区域内的文化要素改变，因此，欧洲地图里中国形象的变迁也是文化传播的结果。

文化地理学视角下的国家形象研究，更加注重从整体上把握变迁历程，更长的跨度可以粗线条勾勒出国家形象，这种历史的纵向分析可以更加准确地把握中国国家形象的变迁规律。另一方面，本文所根据的文化地理学本身就具跨学科综合的性质，能从更深层的文化要素传播融合的角度来分析国家形象的变迁。

[参考文献]

［1］潘吉星．从元大都到美因茨——谷腾堡技术活动的中国背景［J］．中国科技史料，1998（3）：24－33

［2］周尚意．文化地理学［M］．北京：高等教育出版社，2004．

［3］邓辉．世界文化地理［M］．2版．北京：北京大学出版社，2012．

［4］金正昆，徐庆超．国家形象的塑造：中国外交新课题［J］．中国人民大学学报，2010，24（2）：119－127．

[5] 李忱. 从《自然史》看古希腊罗马的地理学［D］. 长沙: 湖南师范大学, 2012.

[6] 王鹏飞. 文化地理学［M］. 北京: 首都师范大学出版社, 2012.

[7] 郑娴瑛. 16—19 世纪欧洲地图中的中国形象之演变［D］. 福州: 福建师范大学, 2012.

[8] 杰里·布罗顿. 十二幅地图中的世界史［M］. 林盛, 译. 杭州: 浙江人民出版社, 2016.

[9] 欧阳哲生. 马可波罗眼中的元大都［J］. 中国高校社会科学, 2016（1）: 102 – 116, 158.

[10] 梁二平. 谁在地球的另一边——从古代海图看世界［M］. 北京: 生活·读书·新知三联书店, 2017.

[11] HAY J. Invisible Cities/Visible Geographies: Toward a Cultural Geography of Italian Television in the 90s［J］. Quarterly Review of Film & Video, 1993, 14（3）: 35 – 47.

多维呈现：欧洲对华刻板印象文化溯源

吴宇涵　张莉*

[摘要]

刻板印象作为一种认知捷径，人们面对经验外的事物时，都无可避免会陷入刻板印象的限制中。尤其在当今传媒高度发达的环境下，许多刻板印象都潜移默化地深植在人们心中，不仅影响世人对外在事物的理解，甚至阻碍双方的交流。近年来，中国和欧洲各国虽然往来频繁，但同时由于认知差异造成的冲突和矛盾也不少。为了厘清这些矛盾产生的背后因素，本文追溯欧洲的文学、影视、新闻媒体和广告作品中对中国和中国人的刻板印象来源，试图厘清欧洲和欧洲人如何形成对中国和中国人的认知，讨论未来双方在交流和沟通时应注意的问题，以避免陷入刻板印象的窠臼中，阻碍中欧之间更进一步的对话。

[关键词] 中欧传播　刻板印象　文化传播　中国（人）形象

---

* 作者单位：清华大学新闻与传播学院

随着中国和欧洲之间在外交关系、商业经济和社会文化等各方面的交流越来越频繁和深入，双方在接触的过程中也由于认知差异产生了不少摩擦和矛盾。中国和欧洲作为世界两大古文明的发源地，彼此继承了截然不同的价值遗产。虽然当代传播媒介在高度发达的情况下让人们更加容易体验跨国文化，但即便在这样频繁交流的情况下，依然可见不少冲突和摩擦，比如一些欧洲企业进入中国市场后常凭借对中国的刻板印象而采取一些不适当的信息传递方式因而造成了不必要的误解和损失。欧洲和欧洲人对中国和中国人的这种刻板印象有哪些？长期以来，这些刻板印象又是如何形成的？为何信息获取相对容易的当代却不见误解减少？本文结合中欧交流过程中的一些实际案例，分别从文学、影视、新闻媒体和广告等不同媒介的视角，对中国和中国人在欧洲的刻板印象展开讨论，试图厘清传播过程中的盲点，对中欧双方在交流互动时的细节提供一些思考，以减少歧义，促进更有效的双边对话和沟通合作。

一、刻板印象与传播的相互作用

人们通常将自己放在积极正面的位置去概括性描述他者的行为或特征。当个人理解到自己是某一群体的成员时，会对同群体的成员较其他群体的成员更为友善。带有刻板印象的人会将外在世界区分为内群体（ingroup）和外群体（outgroup）。身处内群体时，人们倾向留意彼此的差异；反之，在外群体当中，人们则偏好找寻彼此的相似之处。一旦这种认知发展出高度的自我优越感，歧视也就会随之产生。简言之，"刻板印象"是一种认知捷径（cognitive shortcuts），人们在不同社会团体中借此区分自己和他人以完成一种自我认同的建构（Seng，2017；Peng，2010）。

刻板印象形成的方式相当多元，除了借由历史事件形塑，也可通过和家人、同僚、政治人物或宗教领袖等人物之间的互动而形成，但不论通过哪种方式塑造，最重要且最有影响力的信息资源是媒体，尤其在新媒体高度发展的当代，媒体建构人们刻板印象的力量更是不容小觑（Peng，2010）。事实上人类的认知能力相当有限，大部分人在多数时候倾向用有限的知识或既存的框架去对不断流入的信息进行简化的探索和分类，因此，在人们社会生活的传播中，刻板印象这种信息取得的捷径也就无可避免（Tanikawa，2018；Zhang，2015；Peng，2010）。

学者 Graves（1999）在研究中区分了刻板印象（stereotype）、偏见（prejudice）和歧视（discrimination）。三者都指对他者带有一种偏差的认知，但仍有一些细微差异。刻板印象指媒体在描述一个角色时，利用间接的消息来源创造出对该族群的一种认知，而这种认知若是发展出负面态度就是偏见，偏见一旦使该族群被排挤则是一种"歧视"。然而，不管是正面或负面的刻板印象，对这个世界都是一种不适当的再现方式：正面的刻板印象会使双方产生一种想象的期待；负面的刻板印象则会削减双方沟通往来的动机和自信。刻板印象一旦形成便难以被改变，且多数时候即便个体意识到了自身的刻板印象，仍会忽视双方存在差异的事实而依旧维持原本的理解捷径（Peng，2010）。

一般来说，刻板印象最容易在性别、年龄和种族差异上发挥作用，当前的研究也主要关注这几个焦点（Tu and Lee，2014；Marquet et al，2019；Dunn and McLaughlin，2019）。传播学对于刻板印象的研究同样也关切这几个议题，从文化的视角去检视在电视、电影、报纸、广告、互联网等不同媒介上文化如何作用，或是在这些变量上刻板印象和文化又有何种关系（Tanikawa，2018）。因为刻板印象本身的"他者文化"（other cultures），外群体被看作构成内群体文化的要素之一，也就是说，人类是经由经验外部世界来建立自我的内部认知。个体在面对复杂且难以理解的客体时会采用简化的框架去理解以节省能量的消耗，例如在面对来自不同国家的人、事、物时，多数时候我们就会借助刻板印象去理解。由此不难理解为何全球化的当代矛盾和冲突如此之多。

李普曼（Lippmann）在《公众舆论》（*Public Opinion*）中论及，当代不论在国际传播、大众媒体、社会心理学还是语言学等领域，认知和真实、文化与刻板印象都广泛影响着我们。尤其是国际真实（international reality），常常都是观察者基于母文化所形塑的认知去理解的（Tanikawa，2018；Peng，2010）。因此，若要达成有效的跨文化传播，参与传播的各方就必须拥有倾听和理解的意愿，并且采取一种弹性的传播策略。综观上述，作为社会建构以及人们经验世界的主要渠道，媒体扮演着形塑人们刻板印象的重要角色。在全球化的背景下，当今人们更应该去意识到刻板印象的作用，以及媒体如何在此之上不断强化我们对他者的种种认知，如何阻断了沟通的进行，唯有如此才能减少双方在交流时的摩擦和冲突。因此，本文将分别从文学、影视、新闻媒体和广告四个方面对欧洲媒体如何形塑中国展开讨论，以了解欧洲对中国和中国人的刻板印象究竟如何形成。

二、欧洲文学视角下的中国和中国人

关于中国和中国人在欧洲的形象或欧洲和欧洲人在中国的形象，从公元前 4 世纪至今主要都是通过旅游书、历史文献、文学创作等媒介相互呈现的。欧洲最早对于中国和中国人的称呼源自希腊文 Seres，意指丝绸之乡。根据当前有考据的史料，Seres 最早出现在公元前 4 世纪希腊历史学者 Ctesias 的创作中，描述中国人的形象高长且长寿，该文献影响了后来的生理学直至 10 世纪。其后，Seres 则在公元前 30 年 Virgil 的诗集《农事诗》（*Georgica*）出现，当中描述了 Seres 是一个富裕丰饶，以及羊毛树（wool - bearing tress）取之不尽的地方。此后，关于丝绸生产的神话也在欧洲正式流传开来（Wang，2017）。

地理学上最早对 Seres 有详尽描述的创作来自希腊学者 Strabon 的著述《地理志》（*Geographica*），根据他的描述 Seres 是一个和欧洲相距遥远、地理位置极佳但交通不便的地方。而罗马地理学家 Pomponius Mela 则被认为是第一位描述 Seres 性格的作家。在他的作品《地理》（*De Chorographia*）中，Seres 被形容为正直、可信，但不爱与人交谈的贸易商。而这样的形象其后被罗马博物学家 Pliny the Elder 在其著作《博物志》（*Naturalis Historia*）中不断重复刻画。简言之，13 世纪前 Seres 的形象是简单而稳定的，多数描述在真实与神话之间维持了一种正负平衡：Seres 因为健康饮食而身体高长且长寿；因为丝绸生产且工作勤奋而过着富裕的生活；为人正直，虽然不爱社交但热衷于参与家庭生活，对妻子相当忠诚，乐于取悦她们。因此，Seres 在当时欧洲人心中并不可怕，也不存在入侵欧洲的威胁，因为他们距离欧洲遥远且个性温和，爱好和平（Wang，2017）。

　　然而，13 世纪蒙古骑兵征服欧亚大陆后，关于远东（Far East）的大量信息涌入欧洲。从那时起，中国（人）在欧洲的形象开始变得多样且具体。13 世纪中叶到 20 世纪初中国（人）在欧洲的形象要么被极度理想化，要么被妖魔化。当时对中国描述最广为人知的游记出自马可·波罗、Odoric of Pordenone 和 John Mandeville 之手，他们笔下的远东是一个极为富裕且庞大的帝国（Wang，2017；杨波，2016）。1585 年，门多萨（Mendoza）出版了《中华大帝国史》（*Historia de las cosas más notables，ritos y costumbres del gran reynode Eusebius la China*）（*The History of the Great and Mighty Kingdom of China and the Situation Thereof*）。该部著作给欧洲带来了一个普遍认知：中国是一个拥有着完美政治制度的强大帝国。17 世纪下半叶，由于 Athanasius Kircher 的《中国图说》（*China Illustrata*）（*a Illustrated*）、Jesuit Le Comte 的《中国现状新报告》（*Nouveau mémoires sur l'état present de la Chine*）（*New Reports on the Present State of China*）以及 Philippe Couplet 和 Prospero Intorcetta 的《中国贤哲孔子》（*Confucius Sinarum philosophus*）（*Confucius，Philosopher of the Chinese*）等著作出版，中国理性的儒家文化和崇尚道德和谐的国家形象深植欧洲人心中，并对 17 世纪和 18 世纪欧洲的启蒙思潮带来了深远的影响（Wang，2017；Hill，2010）。总之，此时期的中国和中国人在欧洲都维持着正面形象。

　　但自 18 世纪起，大量关于中国的信息在欧洲传开，加上欧洲人心中对于中国帝国形象的矛盾，中国和中国人在欧洲的形象逐渐转为负

面。笛福（Defoe）在他的科幻故事《鲁滨孙·克鲁索的更远历险》
（*The Farther Adventures of Robinson Crusoe*）中描述中国人自大傲慢、肮
脏和粗鲁；孟德斯鸠在《论法的精神》（*De l'esprit des lois*）中反驳耶稣
会传教士对中国政治和哲学的赞赏，并将中国描述为一个有着恐怖制度
的专制国家，且它的道德仪式是"有礼无体"。1837 年，黑格尔的《哲
学史演讲录》（*Vorlesung über die Philosophie der Geschichte*）（*Lectures on
the Philosophy of History*）出版，当中他将中国贬为一个活在自己世界的
国家，没有参与历史的进程（Wang，2017；管新福，2016）。19 世纪后
半叶，大量的亚裔移民拥入欧洲，"黄祸"（Yellow Peril）和"危险分
子"（Danger）等称呼也开始在欧洲流传开来，期刊《笨拙画报》
（*Punch*）和《男孩的报纸》（*Boy's Own Paper*）甚至还出现一些带有种
族象征的词汇，如"中国佬约翰"（John Chinaman）和"异教徒中国
佬"（Heathen Chinese）。从此之后，中国落后、野蛮、专制、衰老的形
象就深植欧洲人的心中（Wang，2017；Hill，2010；姜智芹，2004）。

　　另外，德国作家 Karl May 的科幻小说《深红色的玛土撒拉》（*Der
blau–rote Methusalem*）（*The blue–red Methusalem*）依循了笛福和 Anson
的描述，批评了中国人；Judith Gautier 的《帝国龙》（*Le Dragon
impérial*）及《天堂的女孩》（*La Fille du ciel*）、Pierre Loti 的《在北京
最后的日子》（*Les derniers jours de Pékin*）都同黑格尔一样将中国描述为
缺乏历史，像花瓶一样没存在感的国家。1913 年，英国作家 Sax Rohm-
er 出版了一系列以"傅满洲"这个角色为主角展开的小说。在他笔下，
傅满洲肩膀高耸、身形细长，是个集东方民族狡诈为一体的人物。在这
个系列小说风行了半世纪后，欧洲人从此将"傅满洲"这个符号和中

国人画上了等号（Wang，2017；黎煜，2009）。

萨义德（Said）（2007）在《东方学》（*Orientalism*）中写到西方对东方的描述具有某种"功能"，而13世纪中叶至19世纪末欧洲对中国的这些描述就呈现出了这种功能。如前所言，刻板印象就是人们会借由区分外群体的他者文化来建立内群体的认知或认同。上述那些著作对中国和中国人的描述，背后的思维都是将欧洲人的形象、理想、性格和经验定位在与中国人相反的位置上：正面的"中国"带给欧洲人一种追求物质富裕、政治自由和道德理性至上的魅力，衬托出欧洲人完美且强大的男子气概；负面的"中国"则是这种阳刚之气的反面（Wang，2017）。

当代欧洲文学创作中虽然出现了一些对中国和中国人形象描绘的新手法，包括背景类型（the background type）、寓言类型（the parabolic type）和哲学类型（the philosophical type），但过去那种东方主义式的描述仍是当前呈现中国和中国人的主要手法。在背景类型的创作中，中国的形象主要作为一种社会或历史背景的陪衬，因此，故事背景常常都设定在中国或中国城。这类创作对中国的描述相对客观和真实，不会过度妖魔化或理想化。主角都由欧洲人担当，他们通常都被赋予勇敢、正义、理性、智慧和慈善的特性；相较之下，中国人物的存在只是一种陪衬。另外，相比于东方主义类型的作品，这类型作品中欧洲人和中国人的冲突关系较为温和，欧洲主角在故事中对中国人收起了傲慢的脸色，展露出更多的同情、包容和尊重的态度。如德国作家Baum的《上海大旅馆》（*Hotel Shanghai*）；André Malraux的《征服者》（*Les Conquérants*）和《人的命运》（*La Condition humaine*）；Harold Acton的《牡丹与马驹》（*Peonies and Ponies*）；Günter Grass 的《消逝的德国人》（*Kopfge-burten oder Die Deutschen sterben aus*）（*Headbirths：Or the Germans Are Dy-ing Out*）都是这一类型的创作（Wang，2017）。

寓言类型的手法又称为"中国故事"（Chinese stories），因为故事中不仅运用中国元素，并且内容也是关于中国或中国人的。不同于东方主义式创作中的二元对立，这种类型的故事呈现更为复杂。作者会针对中国的哲学、道德、政治等提出自己的观点，中国在这些文学作品中的形象只是被用来证明作者观点的普遍性，借由充满异国情调的中国元素来夸大和疏离欧洲人的日常生活和思想，以此让公众更加容易接受其观点。这一类型的代表作品有：布莱希特（Bertolt Brecht）的《四川好人》（*Der gute Mensch von Sezuan*）（*The Good Person of Szechwan*）；卡夫卡（Franz Kafka）的《中国长城修建时》（*Beim Bau der Chinesischen Mauer*）（*The Great Wall of China*）。

哲学类型是指借由在创作中融入中国思想或中国文化来呈现中国。这一类型作品场景设定通常都在中国，且主角也都不是欧洲人。和寓言类型不同之处在于，情节中不仅有中国元素，而且更强调中国的哲学思想，作者借此表现出自身对于中国哲学的理解，并讨论这套思想在当下语境应用的可能性。代表性作品有：德布林（Alfred Döblin）的《王伦三跳》（*Die drei Sprünge des Wang – lun*）（*The Three Leaps of Wang – lun*）；尤瑟纳尔（Marguerite Yourcenar）的《王佛脱险记》（*Comment Wang – Fô fut sauvé*）；布莱希特的《道德经源起传说——于老子出关路上》（*Legende von der Entstehung des Buches "Taoteking" auf dem Weg des Laotse in die Emigration*）（*Legend of the Origin of the Book Tao Te Ching on*

Lao Tzu's Way into Exile）（Wang，2017）。

虽然中国和中国人在欧洲文学文本中的形象历经了背景类型、寓言类型和哲学类型三种创作手法的转变，但仍不脱离东方主义的色彩，唯一明显的转变在于中国人的形象变得更加人性化。另外，故事中虽然增加了对中国思想文化的讨论，但欧洲人物本质上仍未受其影响。如在哲学类型当中虽然中国英雄的出现呈现了一个更为真实的中国，但因为情节中也并未安排欧洲人，所以避免了"台面上"的较劲，然而，欧洲人事实上潜藏在文本之下，这种王不见王的安排某种程度上表现出了欧洲人自信心的削减，以及焦虑的增加（Wang，2017）。历经了前期英国、法国和德国对中国和中国人的再现，20世纪开始中国和中国人在欧洲的形象变得越来越多元。西班牙作家 Joan Crespi 的小说《恐惧之城》（*La Ciutat De La Por*）（*The City of Fear*）描述了欧洲内战背景下的中国形象。通过主人公的中国历程：从书本到亲自走访广州，作者一方面将中国呈现为一个触手可及的真实；另一方面又将中国形塑成遥不可及的幻想。同时期的其他作品，如凡尔纳（Verne）的《一个中国人在中国的遭遇》（*The Tribulations of a Chinaman in China*）、Josep Maria Folchi Torres 的《布拉瓦中国冒险记》（*Adventures den Bolava en el pais dels xinos*）（*Bolava's Adventures in the Country of the Chinese*）等同样都采取游记形式的幻想小说来呈现中国遥不可及的异国情调。凡尔纳甚至在作品中加上了滑稽的论调，通过这种对中国虚无缥缈、虚幻的讽刺描述来展现中国人黄祸的形象（Prado‐Fonts，2017）。在这些文本中，欧洲主角对中国和中国人的真实和虚无存在也都显露出了他们的焦虑。

三、欧洲影视视角下的中国和中国人

随着时代的变迁，传播媒介也不断地推演。20 世纪 80 年代后，视觉形象成为当代文化主流的表述方式，使得形象研究在很大程度上转向以电影为主要研究对象（Wang，2017）。受到电影的影响，中国和中国人在欧洲的形象也出现了重要性的转变。在这些电影中，中国人的形象不仅更人性化，传统上"欧洲＞中国"的力量关系也受到颠覆，出现了两种新型力量关系："欧洲＜中国"和"欧洲＝中国"。在电影《末代皇帝》（*The Last Emperor*）中，中国的历史人物和事件被以一种理解和同情的方式再现，故事对大众传达出一个信息：生命是一个永无休止的循环，即便我们主宰不了自己的命运，或是我们对于自己的人生目标努力不懈，最后依然徒劳无功，但我们永远都不能放弃内心对于善良的那份理想。这部电影将中国再现为人类历史的一个缩影，打破过去欧洲对中国的刻板印象：中国人未参与人类历史的进程，或中国是一个没有历史的国家（Wang，2017）。

另一部法国电影《情人》（*L'amant*）改编自作家 Marguerite Duras 的创作，剧中导演安排了一段与原著截然不同的情节。在小说中，中国角色被描绘成身体和内心都相当脆弱的形象。然而，电影里的一段争执场景中，中国人物却利用他们自信而充满智慧的内心赢得了这场战役，也就是说，中国人物的柔软战胜了法国人物的坚硬；同样地，在丹麦电影《中国人》（*Chinaman*）中讲述了不论中国人或欧洲人一样都有着坚强和脆弱的一面。剧中中国人扮演着欧洲企业家的合伙人，描述了两人

共同克服生活中的种种困难的故事。在这部电影中，中国人与欧洲人平起平坐，不仅中国与欧洲之间的冲突消失了，还融合了中欧文化中的共同点。这些剧情安排在 20 世纪 80 年代前是难以想象的（Wang，2017）。

虽然在电影这类大众文化中，中国形象有所打破，但有些内容仍对中国和中国人表现出了暧昧不明的态度。西班牙电影《盖子》（*Tapas*）和《命》（*Ming*）通过刻画中国移民的日常生活，再现了中国移民在西班牙取得的社会经济地位，将中国人以及中国企业形塑为入侵者和假想敌，引起了当地居民和移民社群之间的矛盾（Donovan，2017）。另外，电影《复活的玫瑰》（*Fuhuo de meigui*）与《西厢记》（*Xixiang ji*）中的中国呈现出的虚幻，也让受众对中国的想象感觉到一种抽象的遥不可及和不切实际（Prado - Fonts，2017）。

简言之，1980 年后，中国人在欧洲电影中的形象变得更有自己的特质和自主性。同时，他们积极与欧洲人互动。这些电影对中欧双方文化中的共同性和差异性带来了全新的意义。刻板印象的讨论中提到个人可通过对差异的分化产生自我认同。80 年代后欧洲电影中对中国人呈现出的差异并不再仅仅是肤色、穿着、思考惯性等，而是彼此看待人生的世界观。即双方的文化各自发展出了一套解决方法来处理各自人生中所遭遇到的具体问题，而这也是电影所展现出的另一种文化共性，也就是说，20 世纪 80 年代后中国人在欧洲电影中的功能不再被用来凸显欧洲人的独特，而是让彼此建立起一种更广泛的想象共同体来获得新的安全感（Wang，2017）。

后现代社会中，影像上的视觉感官成为人们接收信息的主要渠道，正如 Wu（2017）、Dung & Reujnders（2013）在研究中所强调的，电影是一个传播旅游相关信息的重要信息资源，因为电影的场景会影响大众选择旅游的目的地、形式、主题，甚至这段旅程的意义产出。因此不难理解，影像视觉效果对于人类感知、认知的建构和强化有着巨大影响力。文学创作从纸本再现转为以电影呈现，中国在欧洲的形象转变同样也深受这些文本的影响而出现一系列的转折。通过欧洲作家对中国和中国人的描述，欧洲人间接经验了中国和中国人，展现出欧洲对中国和中国人的态度转变，同时也反映出了欧洲人的心理变化，以及民族认同的形成，而这种认同就像刻板印象一样，借由区分他者完成自我的认知建构。这些认知在借由电影更具象的呈现后，欧洲对中国和中国人的刻板印象也就更加根深蒂固。

四、欧洲新闻媒体视角下的中国和中国人

同样地，欧洲新闻媒体对中国和中国人的形象建构也历经了一系列的变化，尤其在中国改革开放后，经济上的突飞猛进顺势改变了中国在国际上的政治地位。1989 年至 1992 年，欧洲主流的精英媒体，如《金融时报》（*Financial Times*）、《经济学人》（*The Economist*）和《国际先驱论坛报》（*International Herald Tribune*）对中国并不怎么关注，因为当时中国并非国际上重要的国家。1993 年至 1997 年间因改革开放所带来的巨大消费、投资市场而使中国开始受到了欧洲媒体的关注，但 1998 年到 2002 年间亚洲金融风暴爆发，这些欧洲媒体转而将焦点移至东南亚国家，直到 2003 年之后，欧洲媒体重新把注意力转回中国，此后对

中国的报道逐年增加（Zhang，2010）。

而欧洲新闻媒体在报道中国时大部分都聚焦于贸易、经济、金融等相关方面的议题。一开始这些报道都对中国的经济奇迹表示惊讶，不断强调中国的投资机会、巨大且潜力十足的消费市场等，然而后期报道开始转入质疑，在强调竞争机会的同时也传达了投资中国市场的困难，并开始关注中国本土企业对外扩张的力量。如《经济学人》和《金融时报》在报道中就经常使用隐喻的方式来隐射中国和中国企业的行为。这些隐喻事实上都再现了西方媒体对于中国的刻板印象。而这种对中国的隐喻手法基本上可分三类：军事隐喻（military metaphor）、暴力隐喻（physical force metaphor）和兽性隐喻（bestial metaphor）。这些隐喻不仅带有中国威胁论的色彩，更强化了东方主义的历史观点，暗示中国将变得跟西方一样发达，世界秩序将要重建（Tang，2017；Zhang，2010）。

而这种惧华论（sino - phobic）的观点不仅出现在以英美为代表的英语系媒体，其他非英语系的西方国家也出现了同样的论调。Lams（2016）在比利时和荷兰分别选取了法语和荷兰语一共七家精英媒体作为研究对象，发现这七家媒体即便意识形态和目标受众各有不同，但对中国的形象呈现都一致地采取负面报道；经济上同样也偏好采取人权的框架来报道中国，缺乏对中国社会和文化的关注和理解。且同 Tang（2017）研究结果所示，语言作为一种策略，不论是英语系或非英语系的媒体都喜欢利用老调重弹（cliché）的手法来报道中国，将中国暗示为一种潜在的威胁。同时，这些媒体还会利用词汇堆积和重复的手法不断强化读者对中国的认知，以输出一种刻板印象模式，进而创造一种认同（Tang，2017；Lams，2016）。

除了平面新闻媒体，电视新闻亦是如此。Rodríguez‑Wangüemert等人（2019）检视了西班牙三家电视新闻频道发现，半数以上有关于中国的新闻都采用了负面论调。其中三分之一的新闻聚焦于中国的经济潜力和发展，强调中国的社会主义制度对市场、政治和社会带来的影响。例如，有些新闻描述了中国人的消费能力，试图将中国人形塑为一种"豪奢""暴发户"形象。其次，一些新闻着重渲染暴力与冲突，并将其与中国形象强行捆绑，借人权问题滋事，通过报道诈骗、贪污等个案将中国形象污名化。最后，则分别描述中国的环境问题和有别于西方的制度结构，认为高速发展的经济给中国带来了许多污染，并将环境问题归因为制度缺陷。

欧洲媒体对于中国和中国人的形象建构随着历史的演进呈现出了许多不同的样貌。如华人移民有时是偷渡客，有时又是自力更生的创业家；有时是文化孤立的族群，有时又是专业性十足的商业人士；有时是赌客，有时又是沉默寡言却课业表现优秀的学生（Wu，2019）。但无论如何，从这些报道中都可发现西方媒体对中国的刻板印象充满着后殖民主义的语境，即便中国并未被殖民，但欧洲几世纪以来试图征服世界所带来的一种欧洲中心主义使得他们在看待其他非西方国家时容易带有此种偏见。鸦片战争以来至当代改革开放，中国摇身一变为经济高速增长的现代国家。西方意识到中国在许多方面不断地学习他们的知识，但与此同时也不断地在复兴中国传统，这样的结果导致西方一方面对中国有偏见，另一方面又感到挫败，因为西方不愿意在他们所建立起来的世界体系中承认中国传统或中国特色这一价值体系（Boden，2016）。

近年来随着中国在国际上的影响力提升，以及媒体对于中国关注度的提高，许多欧洲人忽然意识到另一个"世界"是真实存在的，但他们还没准备好接受和自身差异如此之多的中国。然而随着全球化的发展，人们亲自接触真实世界的机会增加，使得中欧双方对彼此的形象在有意无意间被改变。西方媒体对于中国纵然有着许多刻板印象和偏见，但如前面所言，消除刻板印象的最佳办法是参与传播的双方必须保持着一种弹性的心态，让信息透明、平等地流通。

由此看来，我国对外信息发布制度的建设仍然前路漫漫。虽然投入了大量的资源与西方媒体沟通，但西方对华的某些扭曲认知依然存在。Mokry（2017）检视了英、美、德三地媒体在报道中国相关的新闻时所引用的消息来源，发现多数报道的消息来源都引自官方新闻单位，地方单位或社会人士等个人信源相对较少，而外国记者又受限于语言和资源掌握的困难，在寻找本地信源方面存在一定难度，使得这些西方记者在引用我国官方发言外，更多向国外的专家学者寻求意见，而这样的情况使得我国的对外关系虽然能够掌握主动权，但在话语权上难以占据优势地位。形象的构建涉及了方方面面，绝非一人或一单位之责，凡是团体中的成员都肩负其责任。如何提升全民对国家形象和对外传播的意识，以及我国的对外传播或公共外交是否需要进行转型，朝向所谓的"国民外交"发展，采取一种更加人性化的沟通方式等都是未来必须去思考的问题。因为唯有双方相互敞开心来交流才有可能打破刻板印象所建立起的成见。

五、欧洲广告视野下的中国和中国人

后现代社会明显的特征之一便是消费文化的兴起，消费不仅体现了一种生活方式，其背后更隐含了价值观等一系列文化属性。而在所有传播方式当中，广告不仅是一种意图性最强的手段，其所承载的意义和传达的信息也最无边无际。全球化的当今，跨国企业无所不在，中国庞大的消费市场也使得许多跨国企业趋之若鹜，而这些企业在进入中国后如何和市场进行有效沟通以推动业务的顺利开展，广告就是最简单干脆的沟通渠道。

纵然如此，要使广告内容精确地打动人心却是一项造诣要求相当高的技术，传播过程中除了要能与受众"共鸣共振"外，还要避免由于文化差异引起不必要的误会，因此，对跨国企业来说在跨文化的语境下进行传播，更需具备理解和尊重的心态。

改革开放以来，欧洲企业大举进入中国市场，有些企业在华蓬勃发展，有些却败兴而归。细探个中因素，无非就是能否掌握跨文化传播的精髓。西方国家由于欧洲中心主义的认知，在华进行广告传播时常常也凭借着其刻板印象来进行符码的编排，通过这种东方主义式的区分来完成自我认知的建构。比如，性别议题就是广告中常见的族群认知扭曲。Schug 等人（2017）对欧美杂志中的模特儿进行分析发现，这些杂志中亚裔模特儿出现的频率远不及白人和黑人模特儿，且对亚裔男性的刻画都是强调其女性特质。Qiao & Wang（2019）分析了 SK－II 的广告 *Marriage Market Takeover*，该品牌虽来自日本，但该广告是由瑞士团队完成的，影片中对中国婚嫁、"剩女"等元素的讨论无形中都在强化中国保守主义和父权主义的形象。

2018 年，意大利精品品牌杜嘉班纳（Dolce & Gabbana）发布的系列广告"起筷吃饭"，当中所运用的各种符号，如筷子、模特儿装扮和姿态、旁白等，无一不展露出一种文化上的刻板印象和歧视。该广告之所以引起中国消费者抵制购买杜嘉班纳品牌产品等轩然大波，除了广告内容令中国消费者感到不适外，其负责人对中国文化的扭曲和偏见态度更激怒了广大消费者，最后造成公司的巨大损失（李潇月，2014）。Cui 等人（2015）的研究建议，国际精品企业在进入中国奢侈品市场时要特别注意社会和文化观点的差异，尤其避免将消费者描述为暴发户的形象，或展露出炫富的气息，另外还要善加结合在地元素，如此才有可能站稳中国市场。

此外，除了视觉呈现的广告外，借由声音来传播的广告亦出现了刻板印象的情况。Ivanic 等人（2014）的研究分析了广播广告中不同族裔的声音符码后发现，口音会影响消费者的购买选择，而造成这种结果的原因很大一部分就是刻板印象。文中的调查显示，西方消费者认知中，相较于黑人口音的播音员适合去推销运动类产品，亚裔口音的播音员更适合去推销电子科技类产品。而这种刻板印象的形成主要是西方长期以来都将亚裔形塑为一种书呆子或科技狂人这种行为古怪，或是有特殊怪僻的人，且如前所述，西方文化普遍认为东方男性更具女性特质，更适合从事室内或较文静的活动。由此可发现，刻板印象的建构不仅显现于具象可见的影像图文广告，抽象的听觉广告也存在同样的认知扭曲。

作为一种带有相当高文化属性的传播方式，广告对受众的认知建构也最为潜移默化。从以上的例子可知，许多欧美广告都潜藏着对中国和中国人的认知扭曲，不论是个体的外貌身形、打扮、口音等，抑或是内在气质，以及群体社会的文化价值，西方媒体一方面深受欧洲中心主义价值观的影响，凭借其原本的刻板印象来再现中国和中国人，另一方面为了建立西方的群体认同，而通过二元对立的区分来形塑中国，并且在原本的刻板印象符码上不断地再创造新的刻板印象，以强化受众的认知，完成他们对自我的认知建构。

六、结论与讨论

综观上述，西方或者欧洲对中国刻板印象的形成并非一朝一夕，其背后带有非常复杂的文化历史脉络。大众传播媒介作为社会建构的重要手段，对人类世界观的形成有着巨大且潜移默化的影响，而认知一旦被建立起来便难以改变，就如当代信息虽然高度流通，人们经验异国文化的限制相对较少，但在许多跨文化交流中，仍可见冲突的发生。从早期的游记、历史文件、小说等文学创作到当今的新闻、广告，通过这些传播媒介，欧洲人得以经验中国，但由于欧洲中心主义的观点常年以来深植于整个西方世界，欧洲在面对中国时容易借助刻板印象来理解与中国和中国人相关的一切事物。

刻板印象本身是一种心理机制，人类通过区分他者来建立自我认知和身份认同。因此，欧洲人借由其欧洲中心主义所建立起的自我优越感来区分自己与中国人，以此形成一套世界观。诚如本尼迪克特·安德森（Benedict Anderson）（2010）在《想象的共同体》一书中所言，传播是形成民族国家的基础，人类先是创造出文字进而创作出民族文学、民族歌谣等文本，通过早期的口语、纸本传递到当代的大众媒体传播而得以形塑出一种认同，建立起一个被想象出来的"共同体"，而这一系列的文本创作就涉及了区分他者文化和内群文化的过程，当这种区分被欧洲人用来理解非西方国家（东方）就形成了萨义德所说的"东方主义"，即通过欧洲中心主义视角对非西方国家做出一种二元对立的阐释。这种阐释最终在西方媒体的大肆宣传下，产生了一种集体认同，建立起一个对立于东方，以欧洲为代表的"西方共同体"。

然而，中国在改革开放后，短短几十年间一跃成为世界重要的国家之一，中国的快速崛起一时间弄得西方不知所措，同时也令他们感到惊叹，因为几世纪以来，整个人类世界都按照西方建立起的游戏规则运作，以中国为代表的"东方世界"的出现不仅破坏了游戏的进行，更让西方人意识到，原来世界上还存在着其他的规则。然而，常年以来由欧洲中心主义所形塑出的价值观深植在西方人潜意识里，使得欧洲人即便意识到与中国的差异仍会不自觉落入刻板印象的限制之中；另一方面，西方媒体共同将中国制造视为敌对"他者"也是为了巩固他们常年以来建立起的世界观。作为社会建构工具的媒体强化了欧洲对中国和中国人的负面刻板印象，不仅帮助确保西方共同体不会解体，也帮助确保世界依然会按照他们的规则运行，因此，中国和中国人在欧洲和欧洲人眼中的形象也从过去的正面或中性逐渐转为负面。

然而，不论西方媒体如何呈现，中国和中华文化的存在是一个事实，中欧双方未来若是想要有更进一步的发展，就必须抱着同理心去考虑对方的语境，采取更为弹性的沟通策略，建立更为灵活的沟通渠道和机制。因为文化价值观的差异，双方不仅思维不一样，而且媒体环境也大相径庭。除了欧方必须放下成见外，我方也必须去思考，如何采取更加人性化的方式让信息更加畅通，让西方媒体和其他驻华代表在中国开展业务时能更容易获取其所需的信息，消除这种信息不对称所带来的焦虑和不安，让中国声音全面地传播出去，以避免双方再度落入刻板印象的限制，阻碍交流和发展的机会。本文综合了相关实例说明中欧传播之间存在的矛盾，提供一种研究视角。未来若要进行相关研究可以更进一步去分析不同媒介上的内容，或是对海外华裔、驻华人员进行相关访谈研究，结合更加有效的方法去厘清当中的问题，提出更好的解决方式。

[参考文献]

[1] 本尼迪克特·安德森. 想象的共同体：民族主义的起源与散布 [M]. 吴叡人，译. 上海：上海人民出版社，2003.

[2] 管新福. 西方传统中国形象的"他者"建构与文学反转 [J]. 文学评论，2016 (4)：139-147.

[3] 姜智芹. 欲望化他者：西方文学中的中国形象 [J]. 国外文学，2014，93 (1)：45-50.

[4] 李潇月. 论跨文化广告传播中的伦理问题——以杜嘉班纳"起筷吃饭"广告事件为例 [J]. 广告大观，2019，605 (2)：95-103.

[5] 黎煜. 撒旦与家臣——美国电影中的华人形象 [J]. 电影艺术，2009 (1)：131-137.

［6］爱德华·W. 萨义德. 东方学［M］. 王宇根，译. 北京：生活·读书·新知三联书店，2007.

［7］杨波. 作为文化他者的中国——论20世纪初西方文学中的中国形象［J］. 首都师范大学学报，2016，229（2）：90 – 96.

［8］BODEN J. MassMedia：Playground of Stereotyping［J］. The International Communication Gazette，2016，78（1 – 2）：121 – 136.

［9］WAJDA T A，WALSH M F，CUI A P. "Luxury Brands in Emerging Markets：A Case Study in China"，Entrepreneurship in International Marketing（Advances in International Marketing，25）［M］. West Yorkshire：Emeral Group Publish Limited，2015：287 – 305.

［10］DONOVAN M K. "Se rien de la crisis"：Chinese Immigration as Economic Invasion in Spanish Film and Media［J］. Revista De Estudios Hispanicos，2017，51（2）：369 – 393.

［11］YAO D，REIJANDERS S. Paris offscreen：Chinese Tourists in Cinematic Paris［J］. Tourist Studies，2013，13（3）：287 – 303.

［12］DUNNJA，MCLAUGHLIN B. Counter – stereotyped Protagonists and Stereotyped Supporting Casts：Identification with Black Characters and Symbolic Racism［J］. Communication Research Reports，2019，36（4）：309 – 319.

［13］GRAVES S B. Television and Prejudice Reduction：When Does Television as a Vicarious Experience Make a Difference? ［J］. Journal of Social Issues，1999，55（4）：707 – 725.

［14］Hill M. The Historical Roots of Reverse Orientalism and Their Recapitulation in Wo Chang's "England through Chinese Spectacles" [J] . A-sian Journal of Social Science, 2010, 38 (5): 677 – 696.

[15] IVANIC A S, BATES K, SOMASUNDARAM T. The Role of the Accent in Radio Advertisements to Ethnic Audiences: Does Emphasizing Ethnic Stereotypes Affect Spokesperson Credibility and Purchase Intention? [J] . Journal of Advertising Research, 2014: 407 – 419.

[16] LAMS L. China: Economic Magnet or Rival? Framing of China in the Dutch – and French – language Elite Press inBelgium and the Netherlands [J] . The InternationalCommunication Gazette, 2016, 78 (1 – 2): 137 – 156.

[17] MARQUET M, CHASTEEN A L, PLAKES J E, BALASUBRA-MANIAM L. Understanding the Mechanisms Underlying the Effects of Negative Age Stereotypes and Perceived Age Discrimination on Older Adults? Well – being [J] . Aging & Mental Health, 2019, 23 (12): 1666 – 1673.

[18] MCVEE M, CARSE C. A Multimodal Analysis of Storyline in "The Chinese Professor" Political Advertisement: Narrative Construction and Positioning in Economic Hard Times [J] . Visual Communication, 2016, 15 (4): 403 – 427.

[19] MOKRY S. Whose Voices Shape China's Global Image? Links be-tween Reporting Conditions and Quoted Sources in News about China [J] . Journal of Contemporary China, 2017, 26 (107): 650 – 663.

[20] PENG S Y. Impact of Stereotypes on Intercultural Communication: a Chinese Perspective [J] . Asia Pacific Educ. Rev. , 2010, 11: 243 –

252.

［21］PRADO – FONTS C. China and the Politics of Cross – Cultural Representation in Interwar European Fiction ［J］. Clcweb – comparative Literature and Culture, 2017, 19（3）：5.

［22］QIAO F, WANG Y. The Myths of Beauty, Age, and Marriage：Femvertising by Masstige Cosmetic Brands in the Chinese Market ［J］. Social Semiotics, 2019：1 – 23.

［23］RODRÍGUEI – WANGÜEMERT C. RODRÍGUEZ – BREIJOV, PESTANO – RODRÍGUES J M. The Framing of China on Spanish Television ［J］. Communication & Society, 2019, 32（3）：123 – 138.

［24］TANG M Y. Metaphorical Mirrors of the West：China in the British Economic Press ［J］. Historiay Comunicación Social, 2017, 22（2）：397 – 413.

［25］SCHUG J, ALTN P, LU P S, GOSIN M, FAY J L. Gendered Race in Mass Media：Invisibility of Asian Men and Black Women in Popular Magazines ［J］. Psychology of Popular Media Culture, 2017, 6（3）：222 – 236.

［26］HUI Z S. Stereotyping in the Teaching of Intercultural Communication with China. ［M］//DERVIN F, MACHART R. Intercultural Communication with China, Encounters between East and West. Singapore：Springer, 2017.

［27］TANIKAWA M. Bane or a Device? Use of Stereotypic Content as a Method to Increase the Power of Mediated Communication ［J］. International Journal of Communication, 2018, 12: 3621 – 3640.

[28] TU J W, LEE T T. The Effects of Media Usage and Interpersonal Contacts on the Stereotyping of Lesbians and Gay Men in China [J] . Journal of Homosexuality, 2014, 61 (7): 980 – 1002.

[29] WANG X J. Hopeful Disappointment. Cultural Morphology and the Relation between China and Europe. [M] //DERVIN F, MACHART R. Intercultural Communication with China, Encounters between East and West. Singapore: Springer, 2017.

[30] WU J T. Transnational Strategies and Lifelong Learning in the Shadow of Citizenship: Chinese Migrants in the Grand Duchy of Luxembourg [J] . International Journal of Lifelong Education, 2019, 38 (1): 88 – 102.

[31] WU M Y. Media Representations of Chinese Outbound Tourists' Behavior. [M] //PEARCE P L, WU M Y. The World Meets Asian Tourists: Bridging Tourism Theory and Practice, 2017, 7: 57 – 71.

[32] ZHANG L. The Rise of China: Media Perception and Implications for International Politics [J] . Journal of Contemporary China, 2010, 19 (64): 233 – 254.

[33] ZHANG L L. Stereotypes of Chinese by American College Students: Media Use and Perceived Realism [J] . International Journal of Communication, 2015 (9): 1 – 20.

欧盟媒体报道中的中国国家形象

——基于欧洲新闻台、《经济学人》《金融时报》的比较研究

张晓旭　孙诗　张莉 *

[摘要]

　　从 20 世纪 90 年代明确"负责任大国"身份开始，中国政府在维护自身稳定与发展的同时，主动承担国际责任，积极参与国际事务，在国际社会中发挥着越来越重要的作用。然而由于政治、文化和意识形态的差异以及信息传播的不平衡，西方国家对中国形象的建构与认知存在歪曲，进而影响普通民众对中国的总体印象。在中美关系冲突对抗不断的背景下，在促进国际合作维护世界和平与发展的愿景下，中欧关系的重要性日趋凸显。本文通过对欧洲新闻台、《经济学人》《金融时报》三家欧洲主流媒体近年来的涉华报道进行内容分析，运用费尔克劳夫批判性话语分析模型探讨欧洲对中国大国形象的认知情况，本文发现不同的媒体在报道中国国家形象时仍存在一定的立场影响，但当前欧洲社会对

---

　　* 作者单位：清华大学新闻与传播学院

中国在科技发展、经济援助等多个领域的努力与建设性作用具有一定的
认可度。

[**关键词**]　国家形象　欧盟媒体　话语分析　国际议题

信息时代，权力的本质正在改变。软实力的重要性——通过吸引力
而不是威逼利诱等强制手段达到目标——已经在国际政治中被广泛承认
（Nye，2004）。作为"软实力"的重要组成部分，国家形象"决定了世
界看待和对待一个国家的方式"（Anholt，2005），直接影响着国际社会
对这个国家的态度以及对该国政策的制定与实施。

国家形象包括一个国家对自身形象的认知以及国际体系中其他国家
或地区对该国形象的认知（刘嫦，任东升，2014）。而对于大多数外国
群众而言，他们主要是通过媒体尤其是本国媒体去了解其他国家的，正
如约瑟夫·S. 奈（Joseph S. Nye，2004）所说："一个国家的成功不仅
取决于谁的军队获胜，还取决于谁的故事获胜。"媒体是塑造国家形象
的重要工具。

然而由于中西方之间在社会制度、意识形态以及历史文化等方面的
巨大差异，中国的国家形象在很长一段时间内是被误解甚至歪曲的，
"中国威胁论""新殖民主义"等说法在西方媒体中屡见不鲜。尽管
《中国国家形象全球调查2018》显示，中国的国家形象在过去几年得到
显著改善，尤其是"全球发展贡献者"的形象得到了世界人民的进一
步认可，但在全球范围内的跨文化传播中依然存在着诸多的障碍。因此
在全面建设社会主义现代化国家的新征程中，不断改善中国的国家形
象，推动建立以合作共赢为核心的新型国际关系，进一步打造"人类

命运共同体"，一方面需要中国媒体"讲好中国故事，传播好中国声音"，提高自我形象建构能力，让国际社会更加全面、立体、真实地认识与了解中国，另一方面需要考察在国际传播中长期占据主导权的欧美主流媒体对中国国家形象的建构，从而对中国的国家形象塑造与国际传播提出更加有针对性的建议。

在此过程中，中国和欧盟作为全球格局中的"两极"力量，其关系的发展也越发具有重要意义。

2014年，在习近平主席访问欧洲期间，中欧双方同意要全面落实于2013年制定的《中欧合作2020战略规划》，以建立中欧和平、增长、改革、文明四大伙伴关系。五年来，中欧合作关系尤其是经济关系持续稳定发展：中国对欧投资增长迅猛；17个欧洲国家申请成为"亚投行"创始国；中东欧国家积极利用"16+1"框架与中国开展合作，意大利、卢森堡、瑞士等西欧国家则寻求将各自发展战略与"一带一路"倡议相对接。

与此同时，国际形势也经历着复杂而深刻的变化：2016年英国全民公投"脱欧"，2018年特朗普政府启动"中美贸易战"，全球经济日益受到单边主义和贸易保护主义威胁。在此背景下，进一步发展中欧战略合作伙伴关系不仅符合中欧双方的共同利益，而且更有利于为促进全球治理，捍卫国际规则，维护世界和平与发展提供解决方案。

因此本研究将对欧洲主流媒体的中国国家形象塑造进行客观展示与分析，探讨在2016—2018年期间，欧洲主流媒体对华报道的倾向、特征以及可能存在的变化，以有效调整对欧传播策略，减少中欧跨文化传播中的误解与歪曲，加强中欧双方的交流、沟通与了解，抓住机遇，迎接挑战，加强中欧合作与互信，推动中欧战略合作伙伴关系的发展。

一、文献综述及理论框架

（一）国家形象

在全球化时代，"国家形象"越发成为传播学领域的研究热点。但目前"国家形象"这一概念并没有统一的定义。

学者孙有中（2002）认为国家形象是"一国内部公众和外部公众对该国政治、经济、社会、文化与地理等方面状况的认识与评价"，它在根本上取决于国家的综合国力，但在某种程度上是可以被塑造的。管文虎（1999）将国家形象界定为"国家的外部公众和内部公众对国家本身、国家行为、国家的各项活动及其成果所给予的总的评价和认定"。刘继南、何辉（2006）则认为国家形象是"在物质本源基础之上，人们经由各种媒介，对某一国家产生的兼具客观性和主观性的总体感知"。尽管这些定义存在差异，各有侧重，但学者们大多还是认可国家形象是国际社会对一个国家的认知与评价这一基本概念。

而国家形象的建构由两大部分组成——"自塑"和"他塑"，在此过程，传播媒介起着不同程度的影响作用。有学者（刘嫦，任东升，2014）指出无论是"自塑"还是"他塑"都是由大众传播媒体基于客观事实来建构，因此媒体对国家形象塑造有着统治性的力量。但也有学者（王祎，2011）认为传播媒介尤其是大众传播媒介在塑造国家形象中的重要性被夸大了，因为对媒介信息的接收和认知是因人而异的，同时教育、人际交往以及旅游活动也会与媒介信息一起对个体对国家形象的认识产生影响。

总之，国家形象定义为公众对某一特定国家的整体性认知，它本质上由该国的政治经济文化社会等客观的综合发展情况决定，同时也在不同程度上受到个人主观意志和媒介建构等其他因素的影响。

随着我国国际地位的不断提高与国际影响力的不断增强，外国媒体涉华报道量与日递增，国内学者对国家形象的研究主要聚焦在外国媒体中的中国形象上。

从20世纪末以美国为代表的西方媒体对中国形象的"妖魔化"（李希光，刘康，1999），再到21世纪初发达国家盛行的"中国威胁论"（刘继南，何辉，2006），以及近年来《泰晤士报》等欧盟媒体对中国能以负责任的大国身份和平崛起的期望与《纽约时报》等美国媒体建构的中国"亚太地区安全的'威胁者'"之间的鲜明对比（张昆，陈雅莉，2014），中国外交的能动性、国际交往的流动性以及国家利益的动态性已经使中国在西方主流媒体中的国家形象发生了变化，其国家之间的差异性也逐渐凸显。

在此过程中，中国的国家形象战略在世界发展态势与中国实践特色的基础上，不断进行着演变和发展。

新中国成立之初，以毛泽东为核心的第一代领导人为了维护新生政权强调建设"独立自主的社会主义大国形象"；党的十一届三中全会后，在"和平与发展"的时代主题下，邓小平提出"坚持社会主义道路，树立改革开放的社会主义大国形象"作为中国国家形象战略的指导方针；20世纪与21世纪之交，面临世界多极化趋势，江泽民明确提出了我国在对外宣传中要树立的五个形象——"实现社会主义现代化""坚持改革开放""爱好和平""不懈奋斗"和"建设社会主义法制国家";21世纪初,中国综合国力不断增强,国际影响力日益提高,以胡锦涛为总书记的党中央领导集体在国际社会"中国威胁论"的论调中提出建设负责任的大国形象的设想;而进入中国特色社会主义建设的关键时期,基于"讲好中国故事"的时代使命与"打造人类命运共同体"的理念,习近平总书记强调要注重塑造和重点展示中国的"文明大国形象""东方大国形象""负责任大国形象"和"社会主义大国形象"。

总的来说,中国的国家形象战略在过去取得了很大成效,但同时,意识形态差异、孤立主义、霸权主义和强权政治等因素仍对中国国家形象战略造成挑战,影响着新时期"四个大国形象"在国际社会的塑造与传播。

(二)诺曼·费尔克劳夫(Norman Fairclough)批判性话语分析模型

批评话语分析,是从20世纪70年代欧洲语言学界发展起来的一种语言思潮。其中费尔克劳夫的理论成了当时颇具影响力的理论流派,有学者评价(纪卫宁,辛斌,2009),费尔克劳夫批判性话语分析模型使得话语具有建构性,使得社会世界和个体被言语实践不断建构,语言成了建构的积极媒介。费尔克劳夫提出的三维分析模型,将话语分析作为研究方法和理论框架,将话语从文本中解放出来,批判性地吸收、融合了语言学和社会学理论(刘明,袁谦,耿丹阳,2015),这种跨学科方法为话语分析提供了一个更为具体和更有操作性的理论框架。

费尔克劳夫批判性话语分析模型经历了一个历史演变与发展的过程。首先,费尔克劳夫在《语言与权力》(*Language and Power*,1989)

一书中创作了文本、互动和语境的话语三个维度，认为语言是社会实践的一部分（Language as a form of social practice），文本是社会关系的一部分（Discourse to refer to the whole process of social interaction of which a text is just a part），表达了语言渗透于权力之中，并服务于表达意识形态和权力斗争。

随后，在《话语与社会实践》（*Discourse and Social Practice*，1993）一书中，费尔克劳夫再次发展了先前所建构的话语的三个维度，将"互动"发展为"话语实践"（discursive practice），将"语境"发展为"社会实践"（social practice），并将原先所认为的互动的生产过程（process of production）和解释过程（process of interpretation）修改为生产（production）、传播（distribution）和接受（consumption）三个过程。

最后，在《话语分析：社会研究中的语篇分析》（*Analysing Discourse*：*Textual Analysis for Social Research*，2003）一书中，费尔克劳夫讨论了话语秩序的行为方式、表征方式和存在方式，即体裁、话语和风格，批判性地通过体裁将文本与社会事件联系起来，通过话语将文本与外部世界联系起来，通过风格将文本与社会事件中的人联系起来，开拓了进行社会分析的新的研究范式。

费尔克劳夫批判性话语分析模型在现有研究中得到了广泛应用。文本层面，曾有学者通过词汇分类、及物性及所选新闻篇章的结构特点进行分析（厉文芳，2018），发现了《纽约时报》对中国南海问题进行的新闻报道中与事实存在严重不符甚至误导读者之处；在话语实践维度上，现有研究较多通过对新闻消息来源（News Source）及报道模型（Reporting Models）进行分析（陈晓珮，2012；张少奇，2017），探索出中美媒体在新闻报道体例上存在的相似之处，以及新闻引语对于提升文章可信度和权威性的重要影响；在社会实践层面，现有研究从政治制度和社会两个维度进行分析（陈晓珮，2012），论述了媒体报道中隐含着政府官方和社会主流意识形态的影响。现有研究揭示了语言、权力与意识形态之间的微妙关系。

在现有研究基础上，本文依照费尔克劳夫批判性话语分析模型进行三重维度上的分析。在文本层面，本文将通过对文章用词、语法及篇章结构的具体分析，判断欧盟媒体对中国的关注度，并探究文本语言中对中国形象的建构；在话语实践层面，本文通过对欧盟媒体对中国报道中的信源进行分析，探究欧盟媒体报道话语的生成、传播与接受这一沟通过程，以及由此反映出的欧盟媒体对中国整体的态度倾向；在社会实践层面，本文结合媒体自身定位和经济政治背景，探究欧盟媒体的报道是否受到意识形态影响，中国在欧盟媒体报道中被建构了怎样的国家形象，是否完成了我国大国形象建设战略及目标，并尝试据此提出建设我国海外形象的更多建议。

二、语料来源及研究方法

（一）研究对象：三份欧盟媒体的选择

伴随着欧盟政治经济一体化进程，"欧洲公共领域"这一概念兴起。学者（Zhang，2010）认为当原本以民族国家为基础的大众媒体将注意力从独立的国家政治舞台转移到欧洲整体层面时，国家公共领域的"欧洲化"就会发生。在此过程中，一些媒体会自觉关注由欧洲政治和经济决策者组成的欧洲精英群体及其对欧盟层面事务的讨论和决策，传播他们的行动、观点和意见，有时甚至反过来影响这一精英群体的政策决策。基于媒体受众定位、发行量（收视率）与社会影响力，本研究选取了《经济学人》《金融时报》、欧洲新闻台三家欧洲主流精英媒体作为研究对象。

《经济学人》（*The Economist*）是于 1843 年 9 月在英国由詹姆士·威尔逊创办的一份政经类周刊，不仅是英国发行量较大的主流刊物之一，也是西方社会最具影响力、权威的英文刊物之一，它的读者主要是受教育程度较高，收入水平也较高的社会精英群体，其中不乏各国政要，因此被许多人誉为"全球的内刊"（傅潇瑶，2017）。作为世界性刊物，《经济学人》也密切关注着中国的政治经济发展和社会变革。自2012 年 1 月 28 日起，它开辟了新的专栏"China"，这一专栏不仅是近70 年来该刊开辟的第一个国家专栏，也是该刊除了英国和美国之外所开辟的第三个独立的国家专栏。

《金融时报》（*Financial Times*）于 1888 年在伦敦创办，主要为读者提供全球性的经济商业信息、经济分析和评论，是全世界权威的财经媒体之一。目前该报的日发行量超过 70 万份（包括报纸和电子版），在美国、英国、欧洲和亚洲拥有超过 160 万名读者，同时其主要网站每月的在线读者数接近 400 万名，在世界范围内具有巨大影响力。

欧洲新闻台（Euronews）于 1993 年在法国里昂创办，原为"欧洲新闻电视台"，后开设同名新闻网站，每天使用英语、法语、德语、意大利语等九种语言为欧洲及周边 78 个国家 1.5 亿观众与读者提供新闻，是唯一一家泛欧多语种电视媒体。它新闻来源广泛，报道内容丰富，极受观众青睐，在欧洲地区每周收视率达 5400 万人次，位居各新闻频道收视率榜首。

综上，本文将分析在 2016—2018 年期间这三家媒体在对华报道中对中国国家形象的塑造，并以此探究中国在欧洲公共领域的主流媒体形象。

（二）抽样方法

本文收集了《经济学人》《金融时报》、欧洲新闻台三家欧盟媒体自 2016 年至 2018 年间以"China"为关键词检索到的所有以中国为主要报道对象的新闻报道，其中欧洲新闻台、《经济学人》的数据获取来源为其官方网站，《金融时报》的相关报道数据获取来源为 ProQuest 数据库。

由于《经济学人》为周刊，因此本文采取了"结构月"的抽样方法，共抽取了 2016—2018 年三年内该刊发行的 36 期杂志，得到 174 篇以中国为核心对象的报道。

而针对《金融时报》与欧洲新闻台两家媒体，笔者采用等距抽样的方法，分别从随机起始日期（2016 年 1 月 17 日与 2016 年 1 月 2 日）开始，每隔 17 天进行抽样，分别得到 329 篇和 55 篇以中国为核心对象的报道。

在得到 558 份样本后，两位编码员对样本的"发表时间""篇幅""体裁""主题"，对中国"文明大国""东方大国""负责任大国""社会主义大国"四个形象、"一带一路""态度""中国领导人""涉及中国城市"以及"本土关注度"（Focus of Domesticity）几个变量出发进行编码，以此展开研究。

三、研究发现

通过分析欧洲公共领域的三家媒体对中国的报道，不难发现《经济学人》《金融时报》、欧洲新闻台三家媒体虽然由于定位不同，对中国的报道有一定的差异性，但同时也具备一定的共性。

（一）报道特点

1. 报道数量

研究发现《金融时报》《经济学人》、欧洲新闻台三家媒体在报道数量上对中国的报道略有差异（图1），这可能与媒体自身的定位有关。《金融时报》为财经类媒体，主要报道经济金融类事件，会对作为"全球第二大经济体"的中国给予很大关注，而《经济学人》作为政经类媒体，也会对中国的政治、经济、社会等多方面的综合发展情况给予关注，同时《经济学人》还开设中国专栏，因此两家媒体对于中国的报道数量会相对较多。而欧洲新闻台作为欧洲公共媒体，会更多关注欧洲本土新闻，对于中国的报道相对较少。此外，三家媒体在2016—2018年对中国的总报道量相对稳定，值得注意的是《金融时报》对中国的报道在2018年有显著增长，这可能是由于在"中美贸易战"背景下，该媒体对中美贸易关系或中国经济状况给予更多的关注。

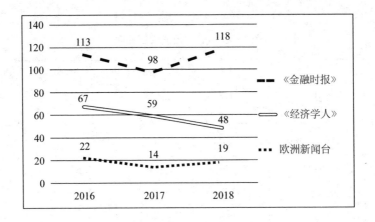

图1　三家媒体对中国报道数量统计

2. 报道主题

在编码过程中，我们将三家欧盟媒体对中国的报道分为 14 类主题，包括：政治和军事（politics and military），国际关系与国际事件（foreign relations and world affairs），经济、贸易、金融和商业（economic，trade，finance and business），文化/艺术和教育（culture/arts and education），社会与健康（society and health），灾难与犯罪（disaster and crime），人权（human rights），运动（sports），港澳台（Hong Kong，Macao and Taiwan），环境（environment），科技（science and technology），能源（energy），贸易关系（trade relations），人道主义援助（humanitarian aids）。最终编码结果如表 1 所示。

表1　欧洲媒体报道中国主题

	总计	欧洲新闻台	《经济学人》	《金融时报》
政治和军事	8.4%	12.7%	14.4%	4.6%
国际关系与国际事件	12.7%	18.2%	15.5%	10.3%
经济、贸易、金融和商业	47.8%	9.1%	28.7%	64.4%
文化/艺术和教育	6.4%	20.0%	8.6%	3.0%
社会与健康	5.6%	3.6%	8.6%	4.3%
灾难与犯罪	2.7%	16.4%	1.1%	1.2%
人权	2.2%	0	4.6%	1.2%
运动	0.5%	3.6%	0.6%	0
港澳台	3.6%	5.5%	6.9%	1.5%
环境	2.9%	7.3%	4.0%	1.5%
科技	3.6%	1.8%	4.0%	3.6%
能源	0.4%	0	0	0.6%
贸易关系	3.0%	1.8%	2.3%	3.6%
人道主义援助	0.2%	0	0.6%	0

　　通过对2016—2018年期间三家媒体涉华报道的主题进行分析，研究发现，三家媒体报道最多的主题为"经济、贸易、金融和商业"，占比约达48%。这一方面是由于三家媒体中，《金融时报》与《经济学人》作为专业的财经类或者政经类媒体，本身对于经济或金融会给予较大关注，另一方面随着经济的发展，中国作为世界第二大经济体，在国际贸易金融领域发挥着越来越重要的作用，也会引起较高的媒体关注度。

　　同时，三家媒体对"国际关系与国际事件"主题的关注仅次于

"经济、贸易、金融和商业"，约占 13%，这一方面与近年来中国通过对非援助，"一带一路"倡议所开展的广泛国际合作有关，另一方面，自特朗普上台后，他奉行的"美国优先"战略对以中国为代表的国家产生了巨大影响，因此，与中国有关的国际关系与国际事件增加，如"中美贸易战""朝核危机"等，因此媒体对此类主题的报道也较多。

数量占比第三的主题为"政治和军事"，约占 8%，这主要体现了三家媒体对中国国内政治形势和重大政治事件以及军事发展情况的关注。在 2016—2018 年期间，党和政府召开了中共十九大等重要会议，同时习近平总书记上台以来开展了一系列政治改革，如"打虎行动"等，因此媒体对政治主题报道较多。此外，我国在"南海事件""朱日和军演"等中展示出的军事力量也会使得媒体对相关主题的报道增加。

与此同时，三家媒体对中国的报道主题也呈现出一定的差异性。

欧洲新闻台对中国报道的主题总体上看分布较为均匀，相对全面综合地展示了中国的政治、经济、文化、社会、体育、文艺等多方面发展情况，这与它本身综合性媒体的定位有关。

相比欧洲新闻台，定位为政经类媒体的《经济学人》对政治和经济方面关注度较高，因此在其对于中国的报道主题中，"经济、贸易、金融和商业类"占比最大，其次为"国际关系与国际事件"以及"政治和军事"，二者占比相当。

而《金融时报》同样对"经济、贸易、金融和商业"给予了最多的关注，在其关于中国的报道中，该类报道超过半数，占比 64.4%。这一方面是由于它旨在"为读者提供全球性的经济商业信息、经济分析和评论"，另一方面也是近年来世界经济局势的变化与中国本身的经济变革导致的，在此背景下，《金融时报》对人民币汇率、中国股市、中国企业海外并购等经济或金融议题报道较多。

总之，作为全球第二大经济体的中国自身的经济发展状况及其对外经贸活动等经济议题是欧洲最为关注的关于中国的话题。三家欧盟媒体对于中国的政治、经济状况以及中国在国际社会中的活动和表现也进行了较多的报道，反映出欧洲对世界变局中的中国的高度关注。

3. 报道倾向

在编码过程中，研究者对媒体涉华报道倾向进行了赋值，"-1"代表偏负面，"0"代表中性或混合，"1"代表偏正面，并得到结果如下表2。

表2 欧盟媒体对中国报道的总体倾向分析

报道倾向	频率	百分比
偏负面	108	19.4
中性或混合	416	74.5
偏正面	34	6.1
总计	558	100.0

总的来说，在三家欧盟媒体以中国为核心对象的报道中，对中国的态度为中性或混合的报道最多，占比74.5%；态度偏负面的报道次之，占比为19.4%；偏正面的报道最少，占比6.1%。

而通过对不同主题下报道倾向的分析（表3），研究发现，不同主题报道的倾向性存在较大差异。

表3　欧盟媒体对中国报道不同主题的倾向分析

主题	平均值	个案数	标准差
政治和军事	-0.57	47	0.500
国际关系与国际事件	-0.21	70	0.539
经济、贸易、金融和商业	0.00	267	0.373
文化/艺术和教育	-0.22	36	0.540
社会与健康	-0.16	31	0.583
灾难与犯罪	-0.20	15	0.414
人权	-0.75	12	0.452
运动	0.33	3	0.577
港澳台	-0.25	20	0.444
环境	-0.12	16	0.806
科技	-0.05	20	0.394
能源	0.00	2	0.000
贸易关系	0.06	17	0.253
人道主义援助	0.00	1	0.000
总计	-0.13	558	0.488

　　在"经济、贸易、金融和商业"主题类报道中,三家媒体的报道倾向性平均得分为0,即报道中对中国的态度较为中立;而"能源"和"人道主义援助"主题类报道倾向得分虽然也为0,但由于相关样本量较少,其结果可能受到影响。对于"政治和军事""国际关系与国际事件""文化/艺术和教育""社会与健康""灾难与犯罪""人权""港澳台""环境""科技"等议题,三家媒体在报道中的倾向得分平均值均为负值,即对中国的态度较为负面,其中"人权"一项得分最低,其

次为"政治和军事"。"运动""贸易关系"两个主题中最终得分为正值，其中"运动"主题得分最高，"贸易关系"次之。

这说明随着中国综合国力的不断增长，对外传播水平的不断提高以及中欧战略合作关系的不断发展，欧盟媒体能够以更加客观中立的立场去报道中国。但是由于长期以来中欧双方在价值观念、宗教信仰、社会制度等方面存在的巨大差异，对于西藏问题、新疆问题、香港问题、台湾问题以及人权问题，欧盟媒体对中国的态度仍然受到传统的"刻板印象"的影响。值得注意的是，尽管相关样本量较小，但欧盟媒体在"人道主义援助""运动""贸易关系"这三类议题上体现的对中国的中立甚至正面态度也在一定程度上表明，中国近年来在对外援助方面的突出贡献得到了欧盟媒体的肯定，而中国对外贸易发展及中国运动事业也逐渐得到欧盟媒体的认可。与此同时，在"中美贸易战"背景下，中国的一系列回应体现出的反对霸权主义和孤立主义以及维护世界经济秩序的坚持与努力，也赢得了欧盟媒体的同情与支持。

在进一步分析不同媒体对中国报道的倾向后（表4），笔者发现，虽然三家媒体对中国的报道倾向的平均得分均为负分，即均持有偏负面的态度，但相比较而言，《经济学人》的态度更加负面，欧洲新闻台与《金融时报》相对较好。这可能与三家媒体的报道方式有关，《经济学人》以评论见长，崇尚并致力于传播自由主义意识形态，并且报道中对于政治类议题涉及较多，因此中欧双方在意识形态等方面的差异会极大地影响该媒体的报道尤其是评论对中国的态度，而欧洲新闻台和《金融时报》两家媒体更多地向读者或观众提供新闻消息，同时报道主题中政治类报道占比不高，因此态度会相对平和。

表4 不同媒体对中国报道的倾向分析

所属媒体	平均值	个案数	标准差
欧洲新闻台	−0.09	55	0.519
《经济学人》	−0.31	174	0.565
《金融时报》	−0.05	329	0.410
总计	−0.13	558	0.488

4. 本土关注度

为了考察三家欧盟媒体的涉华报道中关注的地区，研究者在编码时基于报道事件发生或者涉及的主要地点定义了"本土关注度"这一变量，它分为五个维度：欧盟整体、欧盟某一成员国（含英国）、中国、第三国以及全球层面，并得到结果如表5。

表5 欧洲媒体对中国报道本土关注度分析表

关注维度	占比
欧盟整体	1.10%
欧盟某一成员国（含英国）	0.90%
中国	77.50%
第三国	10.80%
全球层面	9.70%
总计	100%

由表5可知，三家媒体对中国自身的关注度最高，相关报道占比77.5%；其次为对第三国和全球层面的关注，其中第三国包括美国、加拿大等。这一方面反映了中国自身的迅速发展以及全球影响，另一方面

也反映出在国际局势风云变幻的背景下尤其是"中美贸易战"下，欧盟媒体对中美等重要双边关系的关注。

三家媒体的涉华报道中的本土关注度有着共同点，也存在特殊性。

在欧洲新闻台关于中国的报道中，关注度最高的依然是中国自身，占比达到66.67%，而相较于其他两家媒体，它对全球层面上的中国的关注较多，占比达到22.22%。这在一定程度上表明该媒体意识到了中国在国际事务与全球治理等方面的作用与影响。

《经济学人》的中国报道同样高度关注中国自身发展情况，相关报道数量占比达到82.18%，其次对第三国也给予了一定关注，占比为13.79%。而《金融时报》在关注中国本土情况外，对第三国以及全球层面都较为关注，相关报道数量占比分别为76.9%、9.73%和10.94%。

一方面，作为政经类或财经类媒体，《经济学人》和《金融时报》会非常关注第三方国家与中国之间的关系尤其是经贸关系，同时"中美贸易战"与近年来中国企业的海外并购热潮也会使得此类报道增加。另一方面，《金融时报》对全球层面上的中国的关注也体现出该媒体对中国在世界经济发展中的作用的重视。

5. 相关性分析

为了进一步探究所属媒体、报道主题等变量与报道倾向性之间的关系，我们对相关变量进行了皮尔逊相关性分析（表6），发现所属媒体以及本土关注度与报道态度之间在0.05的显著性水平上具有统计学意义上的相关性。

表6 相关性检验结果

Pearson 相关性	所属媒体	报道倾向	本土关注度
所属媒体		0.094* ($P = 0.027$)	
报道倾向	0.094* ($P = 0.027$)		0.096* ($P = 0.023$)
本土关注度		0.096* ($P = 0.023$)	

注：* ：$P < 0.05$

对于媒体来说，尽管新闻专业主义要求报道的客观性与公正性，但无论如何媒体都无法摆脱自身立场与意识形态的影响，因此市场定位不同的三家欧盟媒体的对华报道倾向也有显著不同。而本土关注度与报道倾向之间也存在较为显著的相关关系。在报道中国与第三国特别是美国之间的关系时，欧盟媒体更倾向于中立立场，而中国在国际事务尤其是全球治理方面的贡献一定程度上也被认可，但当关注点回到中国本土，由于人权问题、制度差异以及长期对立的二元价值观念，固有的偏见仍然对欧盟媒体的涉华报道有着巨大影响。

（二）中国形象建构

在费尔克劳夫批判性话语分析模型理论框架下，笔者通过分析558份样本的编码数据，同时进行定性分析，在文本分析、话语实践和社会实践三个维度上分析三家欧盟媒体对中国形象的建构。

1. 文本分析层面

文本分析层面，本研究采用对三家媒体报道中较高频次出现的专有名词及形容词、副词等颇具情感色彩的词汇进行统计分析，以此来探究欧盟媒体报道中的中国国家形象及报道中所蕴含的情感色彩。

在专有名词方面，进行了更为细致的文本分析后，笔者发现在三家媒体 2016 年至 2018 年对于中国的报道中，提及了中国的多个城市、省、自治区，其中被提及次数最多的为北京，出现了 190 次；其次为香港，出现了 80 次；再次是上海、深圳、台湾地区、新疆和广东以及黑龙江、辽宁等东北地区城市。

这与欧盟媒体对中国的刻板印象不无关系，中国的许多地区在欧洲媒体的认知当中是带有明显的印记与标签的。综合文本分析，出现"北京"的媒体报道多和政治议题相关，"北京"多用来代指中国中央政府，比如会议、领导人互访等；出现"香港""深圳""广东""上海"多和经济相关，其中"深圳"出现频次较多的报道多和高科技公司有关，"上海"则多与金融改革、经济开放有关；出现"台湾"（"朝核问题"）多和中美关系相关；"香港"多与其与内地关系相关；"台湾"多与其与大陆关系相关；"新疆""西藏"多和稳定问题、人权问题相关。此外还有在样本中出现较少，但总体出现频次不低的"黑龙江""辽宁"等东北省市，多和中国改革进程相关，比如腐败问题、经济改革、工业发展等。

在诸如形容词和副词等颇具情感色彩用词的选择上，三家媒体均出现了负面用词。比如，在《经济学人》关于中国 2016 年统计数据的分析报道中，提到中国煤矿业发展，论述中国煤矿业正在变得更加安全，但在用词上依然运用了"notoriously"（声名狼藉地）、"grim"（糟糕的），随后才继续论述"but their efforts to improve safety would seem to be paying off"（"但中国为提高安全性进行的努力似乎也得到了回报"），塑造了一个尽管在统计数据上表明有所进步但基础条件仍然令人担忧的中国煤矿业发展状况；又如，欧洲新闻台在分析中国经济发展形势时，用到"lacklustre"（了无生气的）来形容中国某些月份的经济走势，引用未具名的经济学家"expressed concerns that is unsustainable"（"表达对于中国经济增长的不稳定性的担忧"），以此塑造了一个虽快速发展但缺乏稳定性的中国经济形象。

因此，基于所抽样本，欧盟媒体在塑造中国形象时，尽管采取了基于较为客观的角度进行新闻报道的形式，但仍带有刻板印象及不可忽视的倾向性态度。

2. 话语实践层面

这部分主要通过探究三家媒体关于中国报道的消息来源探索相关新闻报道的生成过程。消息来源是证明新闻报道真实性和权威性的重要指标，其大体可分为三类，包括明确指出消息来源、提及但不确切的消息来源及未指出消息来源。

欧洲新闻台中的消息来源包括中国国家统计局、外交部等中国官方部门，也包括中国电视台、新华社等媒体部门，世界健康组织等国际组织，也存在一些未具名的专家、报告等，基本可以反映其综合广泛地反馈多种声音的定位。

《经济学人》中提到的信源包括研究报告、经济学家、官方数据，但所抽样本中存在一定数量的并未具体指出是何研究或具体哪位经济学家，或是从何处得来的官方数据的情况，这种情况要多于欧洲新闻台，当然，其中也包括诸如斯坦福大学爱丽丝·米勒（Alice Miller）教授等权威学者和与诸如《金融时报》等报刊之间的相互引用等明确消息来源的情况。相比之下，对于中国的报道中，《经济学人》引用的观点感情色彩更重，攻击性更强。

《金融时报》相比之下更具经济金融专业色彩，其消息来源更多地体现为咨询机构的报告、国家官方统计局出具的统计数据等专业报告和数据，当然也包括当地电视台、新闻报道等消息来源作为报道信息，总体上看，《金融时报》对于数据的重视程度更高。

这样一来，由于《金融时报》更关注经济金融类的发展，且信源更为平衡、专业，为我国经济大国形象的传播发挥了很大作用，尽管其中既包括正面形象，也包括负面形象，但总体颇为客观中立。《经济学人》由于模糊信源的存在，相对而言塑造出的形象更为负面，带有一定的情感色彩。欧洲新闻台采纳的信源更为全面且权威性更高，因此塑造了多方面多维度的中国国家形象。

3. 社会实践层面

欧盟媒体对于我国的关注与我国自身形象建设目标之间是否吻合，抑或存在哪些差异性也是我们关注的一个重点。

目前我国国家形象建设的新基点是习近平总书记提出的"四个大国形象"，它的具体内涵是：文明大国，即中国历史底蕴深厚、各民族多元一体、文化多样和谐的形象；东方大国，即中国政治清明、经济发展、文化繁荣、社会稳定、人民团结、山河秀美的形象；负责任大国，即中国坚持和平发展、促进共同发展、维护国际公平正义、为人类做出贡献的形象；社会主义大国，即中国对外更加开放、更加具有亲和力、充满希望、充满活力的社会主义大国形象。通过对抽样得到的 558 份样本进行分析，笔者发现共有 47 篇报道在一定程度上呈现出了中国的"四个大国形象"，其具体数量分布如下图 2。

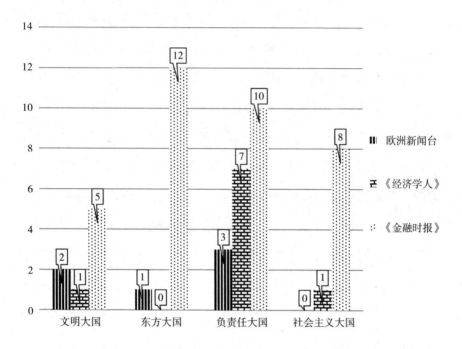

图 2 欧盟媒体报道中呈现的"中国大国形象"

如图所示，三家媒体对"文明大国""东方大国""负责任大国""社会主义大国"这四个大国形象均有不同程度的呈现。同时，通过比较不同媒体呈现"四个大国形象"时的数量差异，笔者发现《金融时报》对"四个大国形象"的报道最为突出。这一方面可能是抽取的各媒体样本数量不同导致的，另一方面结合三家媒体对中国报道的总体倾向分析（表1），我们认为相比《经济学人》和欧洲新闻台，《金融时报》对中国的态度更加平和、开放，对中国的大国形象传播有着更加积极的效果与互动。

与此同时，通过对呈现出"负责任大国形象"的18篇报道进一步分析，研究发现，这些文章主要涉及"政治和军事""国际关系与国际事件""经济、贸易、金融和商业""社会与健康""环境""人道主义援助"这六个议题，其中"国际关系与国际事件"与"环境"议题占比更大。这可能是多重原因导致的。首先，伴随着美国发动对华贸易战，世界经济秩序受到单边主义与贸易保护主义严重威胁和破坏，而作为世界第二大经济体，中国一直以来都以谨慎、和平、对话的态度面对美国的"挑衅"与"制裁"，由此在一定程度上向国际舞台证明了中国是一个负责任的新兴大国。而在此之外，中国在"一带一路"倡议下与非洲以及欧洲部分欠发达国家与地区的互惠经济合作，也让世界看到了中国为全球经济复苏注入动能的努力与可能性。与此同时，在难民危机、英国脱欧、"美国优先"等"内忧外患"下，欧洲越来越意识到中国对于维护世界经济秩序的重要性，基于维护自身利益与世界经济秩序的需要，欧盟会更多地依赖中国去共同推动环境保护、自由贸易等世界议题的解决，更多地表达了对中国承担世界责任的期望。

但事实上，对于"文明大国""社会主义大国""东方大国"形象的报道仍然不足，欧盟媒体对于中国形象的报道中并未将关注重点放在中国的历史底蕴、多元文化、亲和力和社会稳定等角度。结合三家媒体定位及政治经济环境分析，研究发现，在欧盟媒体报道中，中国的政治形象和经济形象都在不断树立起来，总体而言中国"经济大国形象"

"改革形象""全球领导者形象""负责任大国形象"是欧盟媒体中比较突出的中国形象。

(1) 经济大国形象

中国国家实力的提升，是塑造新的大国形象的前提。作为全球第二大经济体，中国的经济发展一直受到世界的高度关注。而随着中欧经济合作重要性的日益凸显，欧盟媒体对中国经济也给予了更多的关注和报道。

总的来说，三家欧盟媒体中，《经济学人》和《金融时报》对中国经济相关议题进行了较多报道，占比达48%。《经济学人》在其报道中指出中国拥有潜藏的巨大的市场，对中国近年来取得的飞跃和发展数据进行了报道，展现出了中国经济和中国市场繁荣发展的现实情况，虽然《经济学人》也多次强调这个市场由于种种保护，并不能使得所有国家和经济体都拥有相同的准入机会和门槛；《金融时报》也提到"China remains a large net creditor to the rest of the world"（"中国是世界其他地区的一大债权国"），对中国当前在经济中的地位给予了高度肯定，展现出了一个拥有巨大贸易和投资机会的中国经济大国形象，一个增长和发展都非常迅速的中国经济大国形象。

微观层面，三份考察的媒体也十分关注一些重要机构职能的变化，以及企业的上市和并购等活动。例如《经济学人》报道"中国人民银行实施货币政策的方式正在改变。随着中国转向利率自由化，它开始变得有点像发达经济体的央行。中国央行并没有简单地命令银行设定具体的贷款或存款利率，而是在改变银行周围的货币环境"。在2018年中国企业小米赴港上市期间，《金融时报》对该事件进行了系列报道，详细介绍了小米的发展历程以及上市后的影响，并强调了小米在海外的蓬勃发展"Xiaomi has dislodged Samsung with the top selling smartphone in India"（"小米已经取代三星成为印度最畅销的智能手机"）。而在"How Didi Chuxing plans to beat Uber in ride – hailing race"（《滴滴出行将如何在打车竞赛中击败优步》）一文中，《金融时报》描述了滴滴在技术、资金等方面的优势以及它在巴西、墨西哥等地的国际扩张计划。此外，对于以阿里和腾讯为代表的中国高科技企业，三份媒体也大多给予了高度评价。

宏观层面，中国随着经济实力的增长，采取了多种参与世界市场的方式，在世界经济舞台发挥着越来越重要的作用，不断提升在世界市场上的话语权和权威性。欧盟媒体上的中国经济大国形象也包括中国政府对于维护经济发展秩序，改善经济发展环境做出的努力。例如，在《金融时报》名为"China's economy has resilience to overcome vulnerabilities"（《中国经济具有克服脆弱性的弹性》）的报道中充分反映了对中国经济持续健康发展的肯定态度。欧洲新闻台也报道了"China's economy on track for stable growth"（"中国经济步入稳定增长轨道"）、"China is moving to make its economic growth more balanced and avoid asset bubbles"（"中国正在使其经济增长更加平衡，避免资产泡沫"）。

同时欧盟媒体报道中也表达了对于中国未来经济在多方面进一步发展的积极预测，比如认为"China has the potential over the next 10 years to become a major force in global pharma"（"中国有潜力在未来 10 年成为全球制药业的一支重要力量"），以及对中国未来创造更好的企业投资和发展环境、维持离岸人民币的汇率稳定等的期待，体现出对中国作为世界第二大经济体，在世界经济发展和国际贸易新秩序建设方面承担的重要作用的肯定。同时尽管基于不同的立场和态度倾向，欧盟媒体对中国的报道中，对于改革开放以来，中国企业走出去与海外企业、海外资本在中国的投资与发展情况等基本数据形成了一定共识，展现出我国在经济领域腾飞的形象。

（2）改革形象

中国改革开放以来，在诸多方面取得了历史性的成就，其中最为显著的当数我国综合国力的大幅跃升。改革开放以来，我们用几十年时间走完了发达国家几百年走过的发展历程，我国经济总量跃升为世界第二，制造业规模跃居世界第一，创造了世界发展的奇迹，展现了中国所具备的巨大实力和潜力。此外，我国科技发展取得了举世瞩目的伟大成就，科技整体能力持续提升，重大创新成果竞相涌现，人工智能、语音识别等一些前沿领域开始进入并行、领跑阶段。改革开放为我国带来了经济强大、民生安康、科技发达等红利，这些在欧盟媒体的报道中以不同形式体现出来。

除了在经济大国形象中体现出来对我国经济领域改革成就的肯定，我国在政治体制上的改革也是欧盟媒体报道中国的一个重要话题。中国始终是一个热爱和平的国家，坚持发展睦邻友好关系，但其他国家可能并不会这样认为，甚至在对中国行为的解读上会存在误解，这一点在欧盟媒体对中国的报道中也体现了出来，比如《经济学人》在报道中国时指出中国政治改革与西方的"民主制度"不一样，是一种"偏离"等。可见，欧盟媒体在政治议题上对我国的刻板印象并没有消除。不过，三家欧盟媒体都对我国政治领域反腐倡廉建设进行了大量报道。

中国改革开放以来在科技上也取得了巨大成就，充分认识到"科技是第一生产力"，形成了鼓励和支持创新的良好社会环境及迅猛发展势头。欧盟媒体对中国科技改革也进行了较多报道，有的对中国科技改革和发展成果做出了积极预测，比如"The world's first quantum – cryptographic satellite network is likely to be Chinese"（"世界上第一个量子加密卫星网络可能是中国的"），并由此出发阐述了中国在卫星网络方面所取得的成就，展现出对中国卫星科技发展所持的积极态度。由此可以看出中国在经济改革和科技改革方面所取得的巨大成就以及国际社会对我国所取得的成就的认可。

此外，欧盟媒体对中国工业改革和城市变迁也给予了较高的重视。改革开放以来，中国工业持续发展，工业化进程不断加快，在很多细分领域已经走在了国际前沿，在这一进程中，中国东北老工业基地地位下降，新兴工业基地地位不断上升。欧盟媒体对中国工业和工业城市的变革进行了报道，并通过具体数据展现了东北在中国改革开放进程中工业基地地位下降，接着报道了中国的"东北振兴计划"，展现了中国政府扶持东北工业和经济发展的行动，同时对比广东，报道了广东的系列人才引进政策。欧洲新闻台报道上海已不仅仅是中国的经济中心，而且"现在是世界新兴科技创新中心"。通过欧盟媒体报道不难看出，中国改革开放带来的工业发展和城市变迁，都受到了欧盟媒体的关注和报道，塑造了改革中不断发展变迁着的中国形象。

（3）全球领导者形象

随着自身实力的不断提升和对自身实力的认知水平不断提高，中国愈加具有提供国际公共物品的能力与条件，为建立国际政治经济新秩序、化解国际冲突等世界性问题的解决提供了更多路径和方案。特别是在全球经济和科技领域，中国发展迅速，备受关注，从欧盟媒体对中国的报道中看来，中国俨然树立起了全球经济和科技发展的引领者形象。

在三家欧盟媒体的报道中，经济议题中与中国相关的报道占比突出，凸显了中国作为世界第二大经济体在世界经济和金融领域发挥的重要领导者作用和由此引发的广泛关注。《经济学人》与《金融时报》因其自身定位，对中国经济议题进行了广泛而深入的报道，而就连定位为综合多元传递世界声音的欧洲新闻台也多次提到迅速发展的中国经济在世界经济舞台中的领先地位，比如其提道 "With China seen as a driver of the global economy the slowdown is ringing alarm bells around the world"（"随着中国被视为全球经济的驱动者，中国经济放缓给世界敲响了警钟"），体现了中国在经济领域成为全球引领者，作为世界第二大经济体，中国经济的发展与贸易水平对世界经济的发展发挥了重要作用。

同时，不断发展的中国对国际事务的影响力和领导力也逐渐提升。进入 2017 年以来，中美贸易争端不断升级，中国在应对中美贸易争端和相关冲突时，充分展现了大国的风范和气度，欧盟媒体在报道中美贸易争端时，高频次使用"经济大国""经济领导力量"等词汇来描述中国作为第二大经济体不可忽视的地位。特朗普以美国利益为优先，认为美国不再是全球化与自由贸易中的受益者，不断提出修改贸易协定和规则，美国作为全球开放自由市场的领导者形象逐渐崩塌，同时中美双方冲突不断升级，对此欧盟媒体不断强调中国应当与欧盟发展良好的贸易关系，以此推动世界贸易平稳，推动新的国际贸易规则和秩序的建立，并在对美国"退群"行为的报道中提出中国应该更多担当领导者角色，维护世界和平与发展。

此外，欧盟媒体多次进行了中国在科技领域的发展相关的报道。越来越自信的中国带着人工智能、语音识别、人脸识别等新兴技术备受世界关注，中国科技力量近年来取得了质的飞跃，树立起了科学与技术领域的全球领导者形象。比如《金融时报》中提道"Leading the charge are China's big tech giants, who have taken the baton from the more traditional venture capital firms"（"中国的大型科技巨头从传统的风险投资公司手中接过了接力棒，开始引领潮流"），这也再次验证了我国近年来取得的发展和进步。因此，在今后的对外传播中，应当重视"中国智慧"发挥的重要作用，利用好当前世界对中国科技和经济发展的关注度，进一步提升传播力和曝光度，最终提升中国作为大国在世界的美誉度。

（4）负责任大国形象

随着中国国力的不断发展，中国以一个更加坚定自信的姿态面对世界，不断加深对自身实力的认知，不断加强与国际社会的联系，越来越多地扮演着全球发展的贡献者角色，展现了对国际事务的参与和国际责任的担当，以进取的姿态、担当的精神、务实的实践，从地区发展、全球治理、对外援助、环境保护等多方面承担国际义务，做出重要贡献，逐渐树立起负责任的大国形象。

在地区发展上，在《经济学人》和《金融时报》对亚洲经济的报道中，多次提到中国经济发展越来越成为亚洲经济的"引擎"和"驱动力"，中国成了亚洲重要的"债权国"和"经济增长点"。在军事与政治议题上，中国积极参与国际合作，为世界和平、反对核武器等威胁人类生存与发展的挑战不断贡献着自己的力量。比如，朝鲜核问题成了欧盟媒体报道的又一重点，在应对和治理朝核问题上，欧盟媒体无论是通过报道美国声音，还是站在欧盟角度上提出共同应对核威胁，都认为中国是解决这一问题的重要力量，甚至关键力量，中国能够发挥怎样的作用对于能否维护亚洲甚至世界的稳定有着举足轻重的影响。由此可见，中国不仅对推进地区和平与发展发挥了显著的地区影响力，而且对完善全球治理做出了突出贡献，这样的贡献被欧盟媒体以或直接或间接的形式传播着，从而树立起了一个积极承担地区事务，为地区稳定和世界和平贡献力量的大国形象。

此外，中国坚持在与他国的友好往来和互利合作中寻求自我发展，正与外部世界形成一种全新的利益共享、前途共担的新型关系，以自身的发展带动他国之发展，不断开展对外援助，积极推进合作共赢。欧盟媒体对中国的报道中，关于中国对非洲等地区进行援助的报道频次不低，比如《金融时报》中将"一带一路"倡议定义为"a grand Chinese powered initiative to finance and build infrastructure in more than 80 countries"（"一项由中国发起的宏大倡议，为80多个国家的基础设施建设提供资金"），尽管有些报道存在一定的立场和倾向，但中国积极进行援助的事实依然展现出来，体现了中国作为大国积极履行国际义务的形象。

同时，欧盟媒体对于中国在全球治理，特别是在全球气候和环境治理中扮演的角色给予了高度重视，对中国已经采取的行动进行了报道的同时，也提出了希望中国未来能够逐步承担更多作用，比如《经济学人》在对中美两国进行比较报道中，提道"America away from shouldering global responsibilities, China towards it"（"美国不再承担全球责任，中国承担"），体现了中国在与有关各方紧密合作，推动相关气候协议达成等方面，承担着国际社会的期待，扮演着重要领导角色，通过自身行动彰显出大国魅力和领导力，为全球气候治理注入信心和力量。

中国动力推动世界发展，超越了单一国家利益视角，谋求的是整个人类的共同繁荣，为解决国家间矛盾、处理全球性问题提供了中国智慧和中国方案，展示了中国作为负责任大国应有的博大胸襟。从欧盟媒体对中国的报道中不难看出，不论是应对区域发展挑战，还是应对气候变化、国际自由贸易体系变革等全球性问题，中国都在积极努力推动各项关乎人类命运的国际议程向前发展，并以此赢得了世界的尊重，彰显了中国作为大国所肩负的责任和影响力。

四、结论与讨论

本文以 2016 年至 2018 年期间三家欧盟媒体关于中国的报道为研究对象，采用费尔克劳夫批判性话语框架的三重维度对中国国家形象建构进行分析，并论证了不同新闻媒体对于同一议题新闻的报道受到其立场和定位的影响以及同一新闻媒体对于不同新闻议题的倾向性也存在不同。

通过对欧盟媒体关于中国的报道进行探究和分析，笔者发现，近年来，在美国掀起孤立主义与单边主义的背景下，作为世界多极化趋势中的两支重要力量，中欧关系前景可期，中欧经济互补性强，并且在全球治理、共同应对人类面临的挑战等方面具有很多共识，如环境保护、捍卫自由贸易等，因此欧盟媒体对中国抱有更为开放和平和的心态，中国国家形象在欧洲也得到了较为广泛的传播。他们对中国的报道在一定程度上反映了习近平总书记提出的"四个大国形象"，体现出中国的改革开放成果和新时期国家形象建设成果。与此同时，在参与全球治理、引领科技发展、维护贸易秩序、开展对外援助等方面，欧盟媒体对中国做出的努力也给予了较为正面的评价，反映出他们对中国进一步承担起大国责任的期待。在本研究考察的三个欧洲公共领域的媒体中的中国形象中，最突出的是中国经济大国形象、中国改革形象、中国全球领导者形象和中国负责任大国形象。

然而，由于长期以来中欧双方在意识形态等方面存在的巨大差异以及媒体本身市场定位的影响，欧盟媒体对中国的报道仍带有一定的刻板印象和偏见，他们在政治、人权等议题上仍然以负面报道为主，这些都影响了我国国家形象在欧洲的传播与塑造。

因此，在中国形象和中国故事的国际传播中，我国需要加强与国际媒体之间的联系，在平等、相互尊重的基础上开展更加广泛的交流与对话。一方面，应该着力改善欧盟媒体在政治、人权等议题上对中国的刻板印象；另一方面，应当在全球治理、发展援助等问题上承担更多国际责任的基础上，向欧洲社会传递更具亲和力的大国形象。与此同时，利用第三次科技革命浪潮下，中国在互联网领域取得的巨大成就和本土经验，借助欧盟媒体对中国经济发展的持续高度关注，推动更为开放和充满活力的中国国家形象建构和传播。

总之，尽管由于历史背景、社会制度等诸多因素不同，中欧之间存在一些分歧，但分歧应当成为互学互鉴、加强交往的动力，在中欧关系新的历史起点上，中欧双方应当共同努力，在平等对话、减少跨文化传播中的冲突与障碍的基础上，推动建立和平、增长、改革、文明的伙伴关系，共同促进世界多极化和国际关系民主化，建立更加和平稳定的国际新秩序。

[参考文献]

[1] NYE J S. Soft Power：The Means to Success in International Politics [J]. Public Affairs，2004，83（3）：136.

[2] ZHANG L. The rise of china：media perception and implications for international politics [J]. Journal of Contemporary China，2010，19（64），233－254.

[3] FIRCLOUGH N. Language and power [M]. UK：Longman，1989.

[4] FIRCLOUGH N. Discourse and Social Change [M]. UK：Polity Press，1993.

[5] FIRCLOUGH N. Analysing Discourse Textual Analysis for Social Research [M]. London：Routledge，2003.

[6] ANHOLT S. Brand New Justice：How Branding Places and Products Can Help the Developing World [M]. Oxford：Elsevier Butterworth－Heinemann，2005.

[7] 陈晓珮. 基于费尔克劳夫三维分析模型对比分析《纽约时报》与《中国日报》关于利比亚战争的报道 [D]. 郑州：郑州大学，2012.

［8］傅潇瑶.2012—2016 年《经济学人》中国专栏的中国形象研究［D］.上海：上海师范大学，2017.

［9］管文虎.国家形象论［M］.成都：电子科技大学出版社，1999.

［10］纪卫宁，辛斌.费尔克劳夫的批评话语分析思想论略［J］.外国语文，2009，25（6）：21 – 25.

［11］刘嫦，任东升.对传媒"自塑"和"他塑"国家形象的价值学思考［J］.天府新论，2014（4）：130 – 133.

［12］刘琛.镜像中的中国国家形象［M］.北京：中国人民大学出版社，2016.

［13］李敬.传播学领域的话语研究——批判性话语分析的内在分野［J］.国际新闻界，2014，36（7）：6 – 19.

［14］刘继南，何辉.中国形象：中国国家形象的国际传播现状与对策［M］.北京：北京传媒大学出版社，2006.

［15］刘明，袁谦，耿丹阳.对费尔克劳夫批评话语分析思想的述评［J］.英语广场（学术研究），2015（1）：52 – 55.

［16］厉文芳.基于费尔克劳夫三维分析模型的新闻话语分析——以美国《纽约时报》对中国南海问题的报道为例［J］.新西部，2018（15）：106 – 107.

［17］李希光.妖魔化中国的背后［M］.北京：中国社会科学出版社，1999.

［18］孙有中.国家形象的内涵及其功能［J］.国际论坛，2002（3）：14 – 21.

[19] 王沛. 对国家形象研究的反思 [J]. 国际新闻界, 2011, 33 (1): 42 – 47.

[20] 徐明华, 王中字. 西方媒介话语中中国形象的"变"与"不变"——以《纽约时报》十年涉华报道为例 [J]. 现代传播, 2016, 38 (12): 56 – 61.

[21] 张昆, 陈雅莉. 地缘政治冲突报道对中国形象建构的差异性分析——以《泰晤士报》和《纽约时报》报道"钓鱼岛"事件为例 [J]. 当代传播, 2014 (4): 38 – 41.

[22] 张少奇. 批评话语分析视角下中美媒体关于中国"一带一路"新闻报道的对比研究 [D]. 北京: 外交学院, 2017.

[23] 中国报道杂志社. 十九大以来第一次中国国家形象全球调查, 结果出炉! [R/OL]. 中国报道, 2019 – 10 – 20.

镜中中国与镜像自我：
《明镜》周刊的中国经济报道

范一杨*

［摘要］

本文借助语料库语言学方法对《明镜》周刊在 2001 年 1 月到 2018 年 12 月共 587 篇有关中国经济的报道进行文本分析。在研究时间段内，《明镜》周刊中国经济报道从器物、制度与国际影响力三个方面关注中国经济发展的历程。在叙述经济发展的同时，德国对中德关系和自身发展模式也展开了反思。作为他者的中国和与之相对的镜像自我在文本中形成共塑关系。通过分析《明镜》周刊对华经济发展的认知图示可以发现：第一，《明镜》周刊的报道与中德经贸关系发展和德国对华政策的调整呈互文关系。第二，他者与自我的对立关系是中国与德国两国诸多不对称性因素在新闻场域的汇合。第三，中国形象是德意志民族在漫长历史中所形成的"中国观"的缩影。

---

* 作者单位：同济大学外国语学院德国问题研究所

[**关键词**] 中国经济形象　他者　自我　话语分析

一、问题提出与文献综述

自中国加入世贸组织以来，中德经贸关系得到长足发展。在过去十八年间，双边贸易总额从 320 亿欧元增长至 1993 亿欧元，中国自 2016 年起取代美国成为德国最大贸易伙伴（Statistisches Bundesamt，2019）。与此同时，中德双边关系全面提升。习近平主席提出中德两国应该成为"合作共赢的示范者""中欧关系的引领者""新型国际关系的推动者""超越意识形态差异的合作者"（中华人民共和国外交部，2018）。然而，与中德双边关系发展相比，德国对中国的认知存在一定的错位。根据皮尤研究机构 2014 年的调查，德国对中国的好感度为 28%，低于美国（35%）、英国（47%）和法国（47%）；但有 60% 的德国人认为"中国将会/已经取代美国成为超级大国"（Pew Research Center，2014）。与此同时，德国对华政策也在不断调适中。从近期德国产业政策动向来看，中德在经贸领域的竞争关系更加突出：德国工业联合会（Bundesverband der Deutschen Industrie，简称 BDI）在 2019 年 1 月发表立场文件，称中国为"伙伴和系统竞争者"（Partner und systematischer Wettbewerber），同时呼吁德国和欧盟采取强硬措施应对中国受国家控制的产业政策（Bundesverband der Deutschen Industrie，2019）。德国联邦经济事务与能源部在 2019 年 2 月出台《国家工业战略 2030》草案，规划在社会市场经济的基础上采取合理和必要的国家干预行为以保持工业领先优势（Federal Ministry for Economic Affairs and Energy，2019）。从上述中德经济关系的动态变化中可以看出，一方面，德国在不断审视、调整中国在其外交布局中的地位；另一方面，德国也在对自身产业政策进行反思与微调。这实际上是德国通过中国这一"关键他者"认识和反思自我的过程。

在跨文化研究中，西方的中国形象是西方文化关于"他者"的想象性表述，西方文化习惯于通过将自身对立于"他者"进行自我认同和自我定义（周宁，2007）。这一形象研究视角已经超越文学文本的体裁限制，从异国形象研究揭示中国形象生产和分配的权力机制（董军，2018）。目前，国内外对中国制造和中国经济在外国媒体中的报道已有较为丰富的内容分析研究（李秋杨，2004；林云姣，2014；王秀丽等，2010；王志强，2009；周海霞等，2011；Pasrris，2014；Seibt，2010；Richter 等，2010），有关于中国和中国人形象塑造和他者身份建构的研究主要聚焦于如龙（王立新，2008）、傅满洲等传统中国文化符号中（常江，2017）。媒体对于国家形象的形成与他者认知具有导向作用，媒体通过语言符号塑造他国形象的"原型式图示"（prototypische Schemata），即典型化形象。因此，鉴于中德关系的新态势，德国媒体中的中国形象塑造与他者形象自塑值得关注。

二、研究设计

语言作为一种词语、词语组合或词语与非语言元素组合的符号综合体（Zeichenkomplex），具有重复性的特点。语言表达通过为后续出现的符号综合体提供模仿基础，使后续出现的语言符号在特定的语境中与最开始的语言表达具备了相近或相同的意义，从而完成语言表达的典型化过程（Bubenhofer，2009）。话语分析即是应用语言学方法，通过归纳文本中的语言使用模式（Sprachgebrauchsmuster），探析媒体话语中的典型语言表达，通过话语建构还原媒体塑造的他者典型形象，揭示形象背后所隐藏的社会集体知识、思维模式、态度和情感（Ziem，2005）。"词语意义在使用中显现"（维特根斯坦，2005），语境是词语示义的重要场所，因此，有必要探析词语的搭配（Kollokation）与共现（Kookurrenz），达到"由词之伴以知词"的目的。除了关键词出现的上下文这一篇章内部的微观层面，语境同时包含研究文本与其他文本之间的互文性、文本产生的历史与社会背景（Wodak，2001）。因此，通过中观与宏观层面的语境分析有助于理解话语的深层原因。

　　本研究选取的文本是《明镜》周刊在 2001 年 1 月到 2018 年 12 月对中国经济的报道。《明镜》周刊创刊于 1947 年 1 月，是德国重要的全国性媒体，每期德国境内发行量超过 64 万册，海外发行量超 5 万册（Villalonga，2001）。本研究通过进行相对检索词相关性（Query Term Relative，简称 QTR）测算获得核心检索词。具体操作为，首先以"中国经济"（chinas wirtschaft OR chinesisch wirtschaft）、"中国企业"（chinas unternehmen OR chinesisch unternehmen）为核心检索词在研究时间区间内收集文本、建立实验语料库（Pilotkorpus），测算出核心检索词的基础值为 0.129。通过对比语料库（Referenzkorpus）确定候选检索词列表，并分别测算候选检索词的 QTR 值，超过基础值的候选检索词可作为收集语料的核心检索词。最终检索语句为"chinas wirtschaft OR chinesisch wirtschaft OR chinas unternehmen OR chinesisch unternehmen OR yuan

OR alibaba OR huawei OR shenzhen OR wechet OR shanghaier OR seidenstraße"（Gabrielatos，2007）。在 Lexis Nexis 网站上获得研究时间区间共计587篇文本，形符数1 061 394。从图1文本数量的年度分布可以看出，在过去18年间《明镜》周刊对中国经济的关注呈现波动变化。结合中德经贸关系的发展，本研究将587篇文本分为三个子语料库，分别是2001—2006年中德经贸关系发展期、2007—2012年经济危机时期和2013—2018年中德经贸关系深化期。三个子语料库分别包含159篇、219篇和209篇文本。

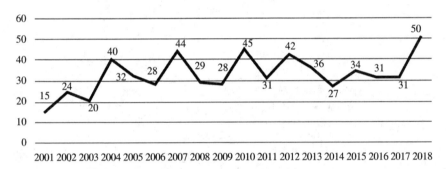

图1　《明镜》周刊中国经济主题报道文本数量（2001—2018）

图片来源：作者自制。

本研究采取"语料库为导向"（corpus – driven）和"基于语料库"（corpus – based）相结合、从量化研究到质性研究的思路。"语料库为导向"表示以词语的复现模式和概率分布为基本证据，寻找可以进行文本阐释的线索。"基于语料库"表示研究者预先建立的描述框，进而从语料库中寻找解释证据（Bonellie，2001）。首先，本研究利用Antconc软件以"中国｜中国的"（china｜china∗｜chinesisch∗）为检

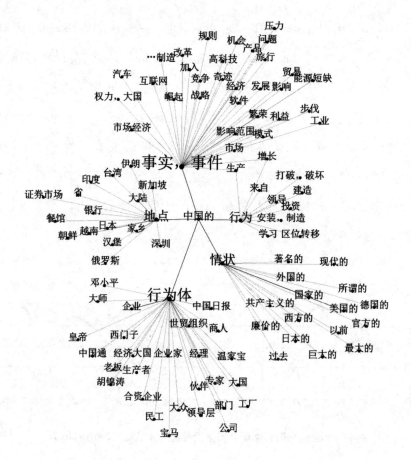

图2 "中国丨中国的"（china丨china∗丨chinesisch∗）共现词

图片来源：作者自制

索词，分别在三个子语料库中搜索左右跨距分别为五个词符（【5L，
5R】）、出现频率至少五次的共现词。T 值表示共现词与检索词之间的
强度，根据测算，T > 2.576 的共现词即为有效（Sachs，1999）。上表
中的共现词最低 T 值为 2001—2006 年子语料库中的"家乡"（Heimat）
一词，T = 6.73434。接下来将共现词 T 值排名前 100 的词归纳到事实、

行为、行为体、地点、情状五个类别。其中,在事实类共现词中,"崛起"(Aufstieg)、"经济奇迹"(Wirtschaftswunder)和"模式"(Modell)这三个事实类共现词贯穿于三个子语料库。由此可知,研究时间段内《明镜》周刊中国经济报道的主线是中国崛起、中国创造经济奇迹的历程;重点关注中国的发展模式和中国与世界其他经济体的竞合关系。在接下来的质性分析中,本研究将结合检索词与共现词的语境,探析《明镜》周刊是如何论述"中国崛起"这一主题,进而了解《明镜》周刊对于中国经济发展模式的认知。

三、研究发现

(一)镜中中国:《明镜》周刊报道中国经济发展认知的三个层面

1. 器物层面:从"中国制造"到"中国智造"

"高科技"(hightech)一词和"廉价的,便宜的"(billig)一词在三个子语料库中都与关键词高强度共现,这说明中国制造业从价值链低端向上游发展的工业化进程是《明镜》周刊报道中国崛起历程的一条重要故事线。但是,结合语境可以发现,从"中国制造"到"中国智造"在《明镜》周刊的报道中并不是一个历时发展的有关民族工业逆袭的"励志故事"。

在2001—2006年子语料库中,"廉价的,便宜的"(billig)是强度最高的情状类共现词(T = 7.93228),它主要用于突出中国劳动力、土地等生产要素的价格优势。在这一时期的报道中,《明镜》周刊有关"中国制造"的话语遵循着一条简单逻辑:中国凭借"低廉的生产成本"（billiger Standort、Billigland），尤其是"廉价劳动力"（billige Gastarbeiter、billige Arbeitskräfte、Billiglohn、Billigjober）吸引其他地区的工业转移，发展为"世界工厂"（Weltfabrik）、"廉价工厂"（Billigfabrik），向世界出口纺织品、玩具类和家用电器类的"廉价商品"（Billigwaren、Billigprodukte）。"中国制造"（made in china）因此成为"廉价产品"的代名词。《明镜》周刊着重分析了中国生产要素价格优势与出口经济的影响——鉴于东南亚国家与中国相似的发展阶段和生产要素水平，中国极其低廉的劳动力价格水平对周边国家造成了竞争压力。《明镜》周刊称之为"龙虎之争"（Kremb 等，2003）。

与此同时，这一时期的报道同样呈现出中国不满足仅仅作为世界廉价工厂，努力成为高科技领域后发国家的形象（Lorenz，2002；Wagner，2006）。鉴于中国的人口基础，中国的互联网经济已经体现出一定的规模和潜力；联想品牌的壮大也为中国在高新技术产业领域的发展提供了成功经验（Lorenz，2002）。但《明镜》周刊认为中国取得技术进步的主要方式是仿制其他品牌的产品，并将仿制品以"倾销价格"销售，从而扩大产品的市场占有率。《明镜》周刊称此为以"黑手党式的方式"（Mafia – Methoeden）倾销产品（Follath 等，2002）。

随着时间的推移，中国摆脱廉价工厂与追求产业转型的形象更加突出。一方面，"中国制造"不再仅仅意味着"毫无竞争力的便宜"（konkurrenzlos billig），但中国商品的价格上涨主要是由于劳动力和原材料价格上涨，这导致生产商不得不寻求向东南亚地区产业转移（Jung 等，2008）。另一方面，《明镜》周刊并未去掉中国商品的廉价标签。例如，中国自主汽车品牌比亚迪被称为"廉价品牌"（Billigmarken）

(Wagner, 2011);中国政府通过"低息贷款"(billig Kredite)的方式对光伏产业提供补助(Hollersen, 2012);在技术获取方面,《明镜》强化了中国作为"技术剽窃者"追求技术进步的形象(Goos, 2007;Dahlkamp 等, 2007),同时强调了政府通过政策引导调动了高校、企业等多方力量的重要作用(Wagner, 2006)。从技术进步影响上看,《明镜》认为中国会将技术实力应用到军事领域从而威胁美国的"技术霸权"(Hightech – Hegemonie)(Puhl 等, 2011)。

在 2013—2018 年子语料库中,"中国制造"的廉价商品模式化印象与"中国智造"技术进步形成鲜明的对比,两者在报道中的共同之处在于都为欧美市场带来了挑战与不确定性。"廉价进口产品"(Billigimporte)的所指也不再是 2001—2006 年子语料库中的玩具和纺织品,而是置欧盟于"不公平贸易地位",需要欧盟立法加以防范的"倾销品"(Pauly, 2016)。即使中国手机品牌小米和 wiko 凭借质优价廉的特性丰富了欧洲中低端智能手机市场,但鉴于三星、索尼等传统品牌所面临的竞争压力,《明镜》认为这使得传统品牌需要思索如何"防止中国低成本地模仿"(Wagner, 2015)。

综上所述,《明镜》周刊虽然基本还原了从"中国制造"发展到"中国智造"的制造业发展历程,但是"廉价"成为所研究范围内中国商品的刻板化标签,而这一标签对于人们了解中国制造业具有方向指引的作用,使得"中国智造"在树立品牌形象时有了需要克服的负面参照。除此之外,无论是"中国制造"还是"中国智造",《明镜》周刊的报道都突出了其在获得市场和获取技术方面对其他经济体的竞争和排斥作用,这增强了"中国崛起"所带来的威胁感。

2. 制度层面：从"上海模式"到"中国模式"

"模式"（modell）一词在三个子语料库中的高强度共现说明《明镜》周刊在器物层面描述中国的同时，也在总结、阐释中国崛起。通过对"模式"一词进行搭配和语境分析可以了解《明镜》周刊如何认识中国发展的制度性因素。

在2001—2006年子语料库中，《明镜》周刊关于"模式"的讨论主要集中于个别区域和行业的典型案例，它们代表着中国改革进程中的破和立、旧与新。例如，"中国网通是国企中令人称道的典型（Modell des mustergültigen Staatsbetriebes）（Lorenz，2002），因为老板可以自行决定员工去留、聘请外国专家"；"王进喜是毛泽东时代的'模范工人'（Modellarbeiter），但是他的事迹随着大庆石油产业的衰落而鲜有人提及"（Follath等，2002）；"深圳是中国最富裕的城市，是中国发展的未来模式（Zukunftsmodell），是各种革命性新思潮的实验室"（Follath等，2002）。《明镜》周刊则以制度对比的视角尝试解读"模式"：上海模式究竟是曼彻斯特式资本主义的回归，即多数被压榨的劳动力与极少数超级富豪的结合，还是以实现共同富裕为目的的温和的社会主义，抑或是毛泽东式创造更好的"新人类"的乌托邦思想（Lorenz，2002）。

如果说上述关于"模式""典型"的案例构成了《明镜》周刊展现中国经济发展变化的一个个坐标，那么在之后两个子语料库的文本中，《明镜》周刊则试图构建一个关于阐释中国全方位变化的坐标系，其中政治制度与经济体制构成了这个坐标系的横纵两条轴线。于是"模式"话语经历了从"上海模式"到"中国模式"的转变。

在2007—2018年子语料库中，《明镜》周刊对"中国模式"的称谓包括"社会主义—资本主义相结合的成功模式"(sozialistisch – kapitalisitshces Erfolgsmodell)、"威权国家资本主义"(der autoritäre Staatskapitalismus)(Jung,2015)、"权贵资本主义"(Kaderkapitalismus)、"资本主义经济与威权政治相结合的北京模式"(das Pekinger Modell mit kapitalisitischer Wirtschaft und autoritärer Politik)。与之相对应的是"西方市场经济与议会民主模式"(das westliche Modell von Marktwirtschaft und parlamentarischer Demokratie)(Zand,2018)。《明镜》周刊尝试基于古典经济学理论对"中国模式"进行"归谬"。古典经济学理论认为,刺激经济发展的原动力来自释放市场的力量,国家只要保证市场有序竞争、防止他人滥用市场权力即可。而冷战苏联社会主义阵营的溃败使西方经济学家们更加坚信:计划经济只会带来贫穷和工业衰退。在他们看来,中国则是选择了一条任何教科书上都没有的发展路径——在计划经济的基础上释放资本主义要素。对于中国经济政策中较强的规划性和目的性,《明镜》周刊曾夸张地进行描述:2010 年中国将发射月球探测器,并在一年后从太空向地球播放 15 首"我们热爱中国"的歌曲(Lorenz 等,2007)。《明镜》周刊以一种猎奇的眼光衡量国家机器的运转,这无疑会增强读者对"中国模式"的陌生感,强化"中国模式"与西方制度之间的对立。

除了与西方制度相对立的特点,《明镜》周刊还认为"中国模式"具有较强的进攻性。具体体现在两个方面:第一,中国通过自己经济成就的示范效应,使其他国家的政治和经济体制向中国靠拢。第二,在《明镜》周刊看来,"中国综合军事和经济手段,将有资本主义效率的一党制作为西方民主制的替代选择和发展模式,输出到亚洲、非洲和拉美地区"。一系列中国倡导的新兴多边主义合作机制，如上海合作组织和"金砖国家"集团则被《明镜》周刊视作在对抗北约和西方国家主导的国际金融体系。《明镜》周刊同样认为，"中国模式"的进攻性已如"长征"（Langer Marsch）一般蔓延到了欧洲："中国不仅收购关键行业和领域的企业，在资本上'占领'欧洲，与此同时，以匈牙利总统欧尔班和捷克总统泽曼为代表的欧盟国家领导人在意识形态上也在模仿中国威权式的经济和政治模式（Müller，2018）。"

3. 影响力层面：从"亚洲中国"到"中国亚洲"

随着中国综合实力的提升，中国与其他国家的实力对比及国际地位也发生了变化。日本和印度是《明镜》周刊中国经济报道与中国相关强度最高的两个国家，它们在"中国崛起"的故事中扮演了重要配角。对于德国而言，亚洲是当今世界最具经济增长活力的地区。中国、日本和印度是德国在亚洲的主要交往对象，因此，通过观察中国与日本、中国与印度在文本中的共现关系可以还原《明镜》周刊是如何叙述在过去十八年间中国相对实力的变化及其对周边地区乃至世界的影响。

印度和日本分别作为亚洲后发与先进国家的代表，在《明镜》周刊中扮演衡量中国经济发展的参照对象的角色。在 2001—2006 年子语料库中，印度和中国一样都是蕴藏巨大发展潜力的新兴国家，一样拥有劳动力红利，一样面临人口结构转型，一样需要消除巨大的贫困基数（Lorenz 等，2005；Dohmen 等，2006）。由于中国推行改革开放本身就有学习日本的因素，因此，《明镜》周刊以日本的"前车之鉴"衡量中国经济发展韧性，这一特点尤其体现在经济危机时期的报道中。和 20 世纪 80 年代的日本一样，经济危机时期的中国同样作为出口大国高度依赖世界市场景气状况，同样面临着货币升值的压力，同样存在着"房地产热"（Wagner，2010）。随着日本经济实力紧追美国，日本不得不与美国签订"广场协议"升值日元，扩大对美进口（Fleischhauer，2003）。而日本在经济泡沫破裂后经历了"失落的二十年"，因此在世界经济岔路口中国同样面临着诸多发展不确定性（Lorenz 等，2007；Jung 等，2015）。与此同时，中国与日本在经济上呈现出竞争与共赢并存的竞合关系。一方面，日本受益于中国这一人口大国的经济腾飞（Hotnig，2005），中国是日本重要的零部件加工地和产品出口国（Lorenz，2004），中国经济增长受阻的负面效应也会立刻传导到日本（Lorenz，2004）。另一方面，中国突出的区位优势使日本和其他亚洲国家不得不重新定位本国产业布局（Kremb 等，2003），且中国在高科技领域对日本呈追赶之势。

同样作为亚洲国家，中国、印度和日本在《明镜》周刊中呈现出了一定的文化亲缘性。例如，中国和印度有相似的人口数量、计算机普及程度和宗教信仰，许多计算机病毒来自中国而非印度是因为两者的国民精神（Mentalität）不同，印度的犯罪率整体较低，而中国则如流水线般生产病毒（Schepp 等，2011）。再如，西方经济学家认为东亚国家创造经济奇迹的原因是它们共同属于儒家文化圈，孔子的思想，如恭顺、职业伦理等精神要义是东亚国家发展智慧的来源。事实上，《明镜》周刊的文化归因存在着误读，甚至与马克斯·韦伯对儒家文化与商品经济发展之间的判断截然相反，但这体现出文化是《明镜》周刊观察东方与西方之间和东方内部异质性的重要因素。

在 2013—2018 年子语料库中，中国在亚太地区地缘政治实力的上升和中美角力成为《明镜》周刊报道中日、中印关系的时代背景。随着中国"在 2010 年超过日本成为世界第二大经济体"（Dohmen 等，2010；Wagner，2011；Puhl 等，2011；Follath 等，2011），中日经贸关系退居其次，《明镜》转而关注的是日本视角下的"中国威胁论"，即日本担忧中国经济实力转换成地缘政治实力，破坏亚洲地区的力量平衡（Deggerich 等，2012）。日本作为美国地区军事盟友和对中国经济依赖性之间的矛盾关系暴露出来（Hujer 等，2013），"中国以'新丝绸之路'倡议为代表的经济发展规划和设立防空识别区等军事行动使日本、韩国及其保护国美国感到不安"（Zand，2017）。由于担心中国破坏太平洋秩序的行为会在印度洋重演，美国、日本、印度和澳大利亚所组成的印太联盟与中国的分歧线凸现出来（Höflinger，2019）。例如"在 5G 网络建设上，日本和澳大利亚都将中国的供应商排除在外"（Hesse，2018）。中国与泰国修建克拉地峡同样令印度感到恐慌（Zand，2018）。这一时期的报道已经体现不出中国与日本和印度在文化上的亲缘性，"西方"与"东方"不再是地理或文化认同范畴的概念，而是实力政治划分战线的标志——在《明镜》周刊看来，同样有议会民主选举制、同样反对斯里兰卡伤害人权的前总统拉贾帕克萨属于西方，而中国则站在对立面（Höflinger，2019）。

（二）镜像自我：面对中国经济发展的德国

1. 从"淘金者"到"竞争者"

从"德国的"这一形容词和其他与德国相关的行为体、地点词汇的高强度共现可以看出，《明镜》周刊中国经济报道的另一条脉络是中国崛起对德国和中国关系意味着什么。以"德国 | 德国的"为语境词

对"中国 | 中国的"进行进一步检索,通过共现语境可以发现,经济议题在《明镜》周刊的有关中德关系的报道中经历了从主题到变量的转变。

在 2001—2006 年的子语料库中,德国企业既是中国崛起的"淘金者",也是中国经济发展的"受挑战者"。一方面,中国的巨大市场潜力和生产要素优势吸引众多德企来华投资营商;但另一方面,和美国一样,德国企业同样遇到了产业向中国转移而造成的国内工作岗位削减问题:手机制造商摩托罗拉便将位于德国弗伦斯堡市的 600 多个生产岗位迁往劳动力成本优势突出的中国,而这里曾经是高收入国家从事手机生产的代表。在德国企业经营者看来,在中国的生产经营活动具有"两面性"(doppeldeutiges Bild):虽然中国市场盈利空间广阔,但是德国企业需要面临中国政府通过各种行政指令保护本土企业、造成行业垄断和中外企业不公平竞争的情况(Hammerstein 等,2003)。这一时期的报道虽然也会提及中国崛起会对世界秩序格局产生怎样的影响,但是,中国地缘政治势力的变化反映出德国企业在商机面前一种相对价值无涉的立场,德国前经济部长拉姆多夫(Otto Graf Lambosdoff)形容德国企业对中国市场空前的"兴奋感"(China – Euphorie)是一种"烂醉的状态"(China – Besoffenheit)(Jung,2004)。

随着中德关系的全面性提升,经济议题在《明镜》中德关系报道中的独立性有所下降。对于德国而言,中国不仅仅是销售市场和廉价商品供应商,联邦政府视中国为西方阵营外最重要的政治伙伴,德国寄希望于中国能在支持欧元、联合国投票等问题上给予支持,而中国视默克尔政府为欧盟核心接触对象。中德关系的复杂性和利益互惠的色彩使得

《明镜》周刊不再以经贸往来的密切程度为中德关系定调："我们即使称彼此为伙伴，但并不知道中国什么时候才能成为真正的伙伴（Deggerich 等，2012）。"

然而，随着德国经济地位和科技实力的优越感受到打击，经济议题在中德关系中的正向作用逐渐下降，《明镜》周刊对中德经济关系的共生关系（deutsch – chinesische Wirtschaftssymbiose）提出疑问。在《明镜》周刊看来，中国和德国之所以都是"全球化赢家"（Gewinner der Globalisierung）是因为长期以来中德之间经济的互补性大于竞争性。中国通过廉价出口产品创造经济增长奇迹，从发展中国家成为转型国家，德国在这一过程中始终保持着欧洲领先工业国家的地位。然而，随着中国寻求从世界工厂向技术高地转型，中国对德国在工业领域的领先地位造成威胁，德国从对中国市场的"兴奋感"中清醒，中德之间共生的经济关系也就变得脆弱。在《明镜》周刊的语境中，中国实现这一技术飞跃的原因在于国家资本支持下的海外高科技产业收购，其中德国企业首先受到冲击（Sauga 等，2016）。德国工业短期相对利益收缩激发了德国长期以来对中国发展模式的排斥，于是，德国不仅将中国视为工业和经贸领域的挑战者，更是将中国视作"系统竞争者"。

2. 从"自我反省"到"自我确认"

鉴于不同模式的差异性和排他性，《明镜》周刊在模式对比中展开了对德国发展模式的反思。反思首先是由于金融危机的外在冲击导致内在矛盾激化进行的。虽然德国在金融危机中一枝独秀的经济表现强化了它对社会市场经济体制，即莱茵资本主义模式的"制度自信"，但是这场危机也终结了新自由主义的凯歌，使资本主义的内生矛盾暴露出来。

《明镜》周刊认为,"谁认为,'资本主义不过是被贪婪的人玩坏,但其本身是美好的'就和那些认为'社会主义本身也是纯良无害,但被斯大林、列宁和卡斯特罗所扭曲'的人一样天真"。也就是说,任何体制都伴随着内生性矛盾。然而,德国国内的论战以体制内的小修小补结束:"政客们虽然都在联邦议会竞选纲领中表示要'更新社会市场经济',但最终与其说找到一个政治解决方案,不如说给了选民一个民粹主义式的答复。"因此,金融危机最终并没有使德国正视,或者稍许认可中国的发展模式。反而由于自身的危机感,德国更加不惮于以恶意揣测中国发展模式的影响:"中国试图以'北京共识'取代'华盛顿共识',后者奠定了西方新自由主义经济政策的基础(Schnibben,2009)。"

如果说上述反思是对经济基础和上层建筑宏观层面的考量,那么在后金融危机的话语中,《明镜》周刊的反省则更加具体、富有针对性。首先,《明镜》周刊聚焦于模式差异所导致的生产活动的技术细节问题。例如,在人工智能领域,虽然欧洲有很多优秀的算法工程师,但是出于对技术伦理的忧虑和信息保护意识,欧洲在这一领域的表现并不突出,更是没有像中国那样制订人工智能发展的宏观、长远规划(Scheurmann 等,2018;Mahler,2018)。在互联网经济领域,即使是像哈瑞宝橡皮糖这样的传统德国企业也不得不在中国发达、便捷的电商平台寻找商机(Susanne,2018)。

其次,《明镜》周刊也在探讨国际格局大变革背景下的欧盟对华政策和欧美伙伴关系:"从上合组织到吸引了包括多个欧盟成员国在内的涵盖 56 个国家的亚投行,当跨大西洋联盟还在因为北约军费分摊问题争吵不休时，中国正展开其全球战略布局（Zand，2017）。"《明镜》周刊一方面认为中国通过"一带一路"倡议在高科技领域开启了"疯狂的收购潮"（ein aggressiver Einkaufstour），另一方面援引默克尔总理在访华时的话，"如果欧盟不能用一个声音说话，那么我们则自讨没趣"，以此表达对欧盟对华政策不一致的失望（Follath，2016）。《明镜》周刊同时援引世界银行前行长佐利克（Robert Zoellick）的话："'一带一路'倡议通过一系列基础设施建设倡议有效弥补了全球公共产品短缺的问题。即使对于美国企业来说，该倡议带来的回报也大于损失（Zand，2017）。"然而，对于"一带一路"的赞赏并没有引起《明镜》周刊对倡议本身的关注，转而探讨欧美应如何不在提供全球公共产品这一事关全球治理话语权的竞争中落后。《明镜》周刊认为，西方国家没有必要恐慌中国带来的竞争，因为中国的透明性、法治和人权方面的标准缺乏吸引力，而西方国家却恰恰缺乏宏观规划和执行的远见和意志力（Zand，2017）。《明镜》周刊报道欧盟在人工智能技术落后的同时强调大数据被权力机关滥用的风险和对民主的威胁，为何要强调中国的"远见与意志力"还体现在维护国内稳定与秩序（Scheuermann 等，2018；Mahler，2018）。由此可见，中国经济发展所带来的反省在更多程度上是《明镜》周刊的自我辩解和自我确认。

四、结语

本文依据语料库语言学方法总结出 2001—2018 年德国《明镜》周刊中国经济报道"中国崛起"这一主题，并通过共现词分布提炼出

《明镜》周刊观察中国经济发展的三个层面：从"中国制造"到"中国智造"的产业结构变化体现出《明镜》周刊器物层面对中国经济实力的认知；从"上海模式"到"中国模式"体现出《明镜》周刊对中国经济发展制度因素从局部到整体的思考；从"中国亚洲"到"亚洲中国"体现出《明镜》周刊对中国区域和国际影响力变化的认知。与此同时，《明镜》周刊以中国经济为一面透镜，审视德国对华交往和德国自身经济发展模式。

镜中中国与镜像德国在文本中对照、互塑。《明镜》周刊一方面在器物层面和制度层面将中国崛起的历程标签化，突出中国作为与德国截然不同的他者。另一方面，德国并非中国经济发展的旁观者，而是交往密切的利益攸关者。这种异化与共生并存的自我和他者关系是中国与德国在现代化的时间维度与全球化的空间维度的交汇的产物：当欧洲文明已经进入"后现代"语境，在历史长河中一度停滞、在意识形态上一度对立的国家正"前所未有地接近世界舞台的中心"。具体而言，镜中中国与镜像德国的互动受到如下三个因素的影响：

第一，《明镜》周刊对中国经济发展的认知具有社会性，它与中德经贸关系发展和德国对华政策调整呈互文关系。在研究时间所覆盖的十八年间，中德关系从施罗德政府时期的"蜜月期"一度跌至默克尔执政初期的"冰冻期"（赵柯，2010），又经过近十年来的务实发展建立全面战略伙伴关系。在此期间，德国对华政策调整的一个方向是弱化"以商促变"，强化价值观导向（梅兆荣，2019）。德国视中国为"关键性与异质性因素并存的挑战者"，如何平衡对华外交的价值导向与利益诉求成为关键矛盾点（Stiftung Wissenschaft und Politik 和 German Marshall Fund of the United States，2014）。随着中国综合国力和国际影响力的提升，一方面，德国作为"文明国家"的价值优越感和作为发达工业国家的技术优越感受到双重挑战；另一方面，在德国外交朝着积极有为的"建构力量"转变的过程中，中国是德国必须正视的合作者。而在中德关系竞争要素和合作要素同步上升的情况下，《明镜》周刊中国经济的报道强化了德国与中国的价值差异、突出了中德之间的竞争性要素。鉴于媒体对大众对社会的认知的建构作用（Luhmann，2007），《明镜》周刊的报道更易使读者选择以提防、批判的眼光看待"中国崛起"，审视德国在对华关系中的"赢集"。这在一定程度上增强了德国和欧盟产业政策和对华政策调整的必要性和合理性。

第二，文本所呈现的中国与德国是两国诸多不对称性因素在新闻场域的汇合。面对经济场域和政治场域影响力和渗透力的增强，新闻场域的自律与其他场域他律之间的冲突关系更加紧张（本森，2003）。就新闻场域内部而言，德国媒体的特点是对内具备温和多元主义精神，而对外尤其是对华报道则带有极化多元主义的特征，即分歧鸿沟较深、共识程度较低（彭枭，2015）。就外部场域的影响而言，政治的日益娱乐化和媒体的市场化需求不谋而合，政治派系借助媒体获得民众支持，媒体借助政治派系开拓更大市场。在经济利益驱使下，媒体不得不在报道中增加"博人眼球"的内容，来提高发行量、获得更高的广告收入。因此，《明镜》周刊倾向于突出中德两国之间的异质性因素以引起读者的关注。在 2018 年 12 月曝出的《明镜》周刊记者雷洛蒂斯（Claas Relotius）新闻造假丑闻则反映出媒体从业人员在商业逻辑下为了新闻噱头而牺牲新闻真实性的行为（Spiegel – Online，2018）。

第三，镜中中国是德意志民族在漫长历史中所形成的"中国观"的缩影。事实上，在西方所建构的现代性世界秩序语境下，文本中的镜像德国已经显得超前且谦恭。为了确立一个以进步为中心的价值和权力秩序，西方现代性话语塑造了一个与自身进步对立且低劣的他者。于是，专制的帝国是自由秩序的他者，停滞的帝国是进步秩序的他者，野蛮或半野蛮的帝国是文明秩序的他者。而在黑格尔的历史哲学中，上述形象类型被"哲理化"，最终上升为标准话语（周宁，2007）。"……它（中国）的显著的特色就是，凡是属于'精神'的一切——在实际上和理论上，绝对没有束缚的伦常、道德、情绪、内在的'宗教'、'科学'和真正的'艺术'——一概都离他们很远（黑格尔，1956）。"由此，黑格尔不仅确定了中国历史停滞的绝对意义，甚至否定了中国的历史意义。而现如今，德国社会普遍陷入了对进步感到疲乏和质疑的状态，根据德国阿伦巴赫研究所的调查，仅有32%的受访者认为"科技进步会让生活更美好"，而在1972年持这一观点的比例是72%（Petersen，2019），这与中国社会的精神风貌形成鲜明对比。因此，"中国崛起"虽然有助于消解历史上形成的"停滞的中国"的印象，但是德国和中国对发展和进步认知上的错位依然存在。

德国哲学家赫尔德曾感叹："糟糕的是人们最终还是无法寻得一条既不美化又不丑化中国的中间途径，无法找到一条真正的大道（夏瑞春等，1995）。"两百多年后的今天，赫尔德的抱怨已成了中德交往过程中的一个顽疾。正如斯皮瓦克（Gayati Chakravorty Spivak）所言："西方的知识产生在诸多方面与西方的全球经济利益紧密勾连（Spivak，1988）。"通过对《明镜》周刊中国经济报道的分析可知，德国媒体对华认知在一定程度上是德国在变幻莫测的国际格局下内心不确定感、渴望维持优越感的写照。综上，对外"讲好中国故事"一方面需要正视他者在长期历史中形成的对华认知文化定式，另一方面还要顾及他者在现实利益驱使下形成的价值判断。

[参考文献]

[1] 常江. 从"傅满洲"到"陈查理"：20 世纪西方流行媒介上的中国与中国人 [J]. 新闻与传播研究，2017（2）：76 – 87.

[2] 董军. 国家形象研究的学术谱系与中国路径 [J]. 新闻与传播评论，2018，(6)：105 – 120.

[3] 黑格尔. 历史哲学 [M]. 王造时，译. 北京：三联书店，1956：181.

[4] 李秋杨. "中国制造" 国际形象传播的文化话语研究 [J]. 当代中国话语研究（第六辑），2004：1 – 12.

[5] 林云姣. "中国制造" 在《纽约时报》中的形象历时话语研究 [J]. 语文学刊，2014（10）：38 – 41.

[6] 罗德尼·本森. 比较语境中的场域理论：媒介研究的新范式 [J]. 新闻研究与传播，2003（1）：2 – 23.

[7] 梅兆荣. 刍议中德关系的变迁与前景 [J]. 德国研究，2019（1）：4 – 17.

[8] 彭枭. 公共外交中的媒体困境——以德国媒体对华报道为例 [J]. 同济大学学报（社会科学版），2015（4）：41 – 49.

[9] 中华人民共和国外交部. 习近平与德国总理默克尔举行会晤 [EB/OL]. 中华人民共和国外交部, 2018 - 05 - 24.

[10] 王立新. 在龙的映衬下:对中国的想象与美国国家身份的建构 [J]. 中国社会科学, 2008 (3): 156 - 173.

[11] 王秀丽, 韩纲. "中国制造"与国家形象传播——美国主流媒体报道 30 年内容分析 [J]. 国际新闻界, 2010 (9): 49 - 55.

[12] 王志强. 德国《时代》周报视角下的经济中国形象 (2004—2009) [J]. 德国研究, 2009 (4): 63 - 68.

[13] 路德维希·维特根斯坦. 哲学研究 [M]. 陈嘉映, 译. 上海: 上海人民出版社, 2005.

[14] 夏瑞春, 陈爱政. 德国思想家论中国 [M]. 南京: 江苏人民出版社, 1995: 84 - 85.

[15] 赵柯. 解析默克尔政府的对华政策 [J]. 欧洲研究, 2010 (5): 91 - 112.

[16] 周海霞, 王建斌. 经济危机时期德国媒体中的动态中国经济形象——以德国主流媒体《明镜》周刊和《时代》周报 2009—2010 年涉华报道为例 [J]. 德国研究, 2011 (1): 39 - 47.

[17] 周宁. 世界之中国:域外中国形象研究 [M]. 南京:南京大学出版社, 2007: 7 - 24.

[18] BDI Grundsatzpapier. Partner und systematischer Wettbewerber - Wie gehen wir mit Chinas staatlich gelenkter Volkswirtschaft um [R/OL]. BOI Grunds atzapapier, 2019 - 01 - 10.

[19] BONELLI E. Corpus Linguistics at Work [M]. Amsterdam,

Philadephia：John Benhamins Publishing Company, 2001.

[20] BUBENHOFER N. Sprachgebrauchsmuster. Korpuslinguistik als Methode der Diskurs - und Kulturanalyse [M] . Berlin：De Gruyter, 2009.

[21] DAHLKAMP J, ROSENBACH M, SCHMITT J, et al. Prinzip Sandkorn [J] . Der Spiegel, 2007 (35)：18 - 34.

[22] DEGGERICH M, NEUKIRCH R, WAGNER W. Die lachende Dritte [J] . Der Spiegel, 2012 (35)：22 - 26.

[23] Der Fall Relotius - Die Antworten auf die wichtigen Fragen [J/OL] . Spiegel - Online, 2019 - 05 - 05.

[24] DOHMEN F, ELGER K, HAWRANEK D. Geliebter Feind [J] . Der Spiegel, 2010 (34)：60 - 71.

[25] DOHMEN F, FOLLATH E, TUMA T. Stahl ist mein Leben [J] . Der Spiegel, 2006 (13)：106 - 109.

[26] ALTMAIER P. National Industrial Strategy 2030 [R] . FederalMinistry for Economic Affairs and Energy, 2019 - 11 - 29.

[27] FLEISCHHAUER J. Muskeln spielen lassen [J] . Der Spiegel, 2003 (35)：60 - 62.

[28] FOLLATH E, LORENZ A, SIMONS S. Der Kopf des Drachens [J] . Der Spiegel, 2002 (50)：134 - 152.

[29] FOLLATH E, WAGNER W. Die schrecklich Erfolgreichen [J] . Der Spiegel, 2011 (26)：78 - 85.

[30] FOLLATH E. Das Projekt Welteroberung [J] . Der Spiegel, 2016 (35)：80 - 84.

[31] GABRIELATOS C. Selecting query terms to build a specialized corpus from a restricted – access database [J] . ICAME Journal, 2007, 31: 5 –43.

[32] GOOS H. Die Spur der Säge [J] . Der Spiegel, 2007 (2): 46 –50.

[33] HAMMERSTEIN K V H, HAWRANEK D, LORENZ A. Im Maul des Drachen [J] . Der Spiegel, 2003 (50): 86 –88.

[34] HESSE M. Funkstörung [J] . Der Spiegel, 2018 (51): 60 –62.

[35] HÖFLINGER L. Weiße Elefanten [J] . Der Spiegel, 2019 (2): 71 –75.

[36] HOLLERSEN W. Die Abgesandten der Sonne [J] . Der Spiegel, 2012 (21): 52 –56.

[37] HOTNIG F, WAGNER W. Duell der Giganten [J] . Der Spiegel, 2005 (7): 82 –94.

[38] HUJER M, ZAND B. Die Unzertrennlichen [J] . Der Spiegel, 2013 (43): 92 –94.

[39] JUNG A. Wohlstand nach Drehbuch [J] . Der Spiegel, 2015 (32): 62.

[40] JUNG A, MAHLER A, MORITZ R, et al. Der China Schock [J] . Der Spiegel, 2015 (36): 66 –72.

[41] JUNG A, WAGNER W. Die Karawane zieht weiter [J] . Der Spiegel, 2008 (20): 84 –88.

[42] JUNG A. Sprung auf den Drachen [J] . Der Spiegel, 2004

(34): 66 - 68.

[43] KREMBJ, WAGNER W. Drache contra Tiger [J] . Der Spiegel, 2003 (10): 78 - 84.

[44] LORENZ A, WAGNER W. Billig, willig, ausgebeutet [J] . Der Spiegel, 2005 (22): 80 - 90.

[45] LORENZ A, WAGNER W. Die Rotchina AG [J] . Der Spiegel, 2007 (3): 84 - 99.

[46] LORENZ A. Prickelnde Weltfabrik [J] . Der Spiegel, 2004 (18): 136 - 138.

[47] LORENZ R, FALKSOHN A, RAO P. Die Armee der Alten [J] . Der Spiegel, 2005 (38): 120 - 122.

[48] LORENZ A. Siegeszug der Himmelsreiher [J] . Der Spiegel, 2002 (19): 198 - 200.

[49] LUHMANN N. Die Realität der Massenmedien (5. Auflage) [M] . Wiesbaden: Springer, 2007.

[50] MAHLER A. Die Daten - Sauger [J] . Der Spiegel, 2018 (26): 70 - 75.

[51] MÜLLER P. Langer Marsch [J] . Der Spiegel, 2018 (6): 27.

[52] Stifung Wissenschaft and Politik (SWP), German Marshall Fund of the United States (GMF). New Power, New Responsibility – Elements of a German foreign and security polity for a changing world [R] . Berlin: Stiftung Wissenschaft und Politik (SWP), German Marshall Fund of the United States (GMF), 2014.

[53] PASRRIS D. China in den Medien. Rhetorik und Topoi in der deutschen Qualitätspresse [S] . Berlin, 2014.

[54] PAULY C. Einstürzende Zollmauern [J] . Der Spiegel, 2016 (9):77.

[55] PETERSEN T. Der unheimliche Fortschritt [N] . Frankfurter Allgemeine Zeitung, 2019 – 05 – 05.

[56] Pew Research Center. Global Opposition to U. S. Surveillance and Drones, but Limited Harm to America's Image [R/OL] . Pew Research Center, 2019 – 04 – 18.

[57] PUHL J, SCHULZ S, WAGNER W. Der chinesische Traum [J] . Der Spiegel, 2011 (1):72 – 82.

[58] RICHTER C, GEBAUER S. Die China – Berichterstattung in den deutschen Medien [R] . Berlin: Heinrich Böll Stiftung Schriftenreihe zu Bildung und Kultur, Band 5, 2010.

[59] SACHS L. Angewandte Statistik. Anwendung statistischer Methoden [M] . Berlin: Springer Verlag, 1999.

[60] SAUGA M, SCHULT C, TRAUFETTER G, et al. Großer Sprung [J] . Der Spiegel, 2016 (44):30 – 32.

[61] SAUGA M. Großer Sprung [J] . Der Spiegel, 2016 (44): 30 – 32.

[62] SCHEPP M, TUMA T. Das Netz wird Kriegsschauplatz [J] . Der Spiegel, 2011 (25):98 – 100.

[63] SCHEUERMANN C, ZAND B. Wir überlassen den Maschinen die

Kontrolle, weil sie so großartig sind [J] . Der Spiegel, 2018 (15): 106 – 110.

[64] SCHNIBBEN C. Lob der Gier [J] . Der Spiegel, 2009 (20): 96 – 109.

[65] SEIBT A. Von der Idealisierung bis zur Verteufelung. Das Bild Chinas im Wandel? Eine Medienanalyse der Kommentar zu China in der deutschen überregionalen Presse [R] . Berlin: Arbeitspapiere zur Internationalen Politik und Außenpolitik, 2010.

[66] Statistisches Bundesamt. Die Volksrepublik China ist erneuet Deutschlands wichtigster Handelspartner [R/OL] . Statistisches Bundesamt, 2019 – 04 – 22.

[67] SUSANNE A. Haribo ist ein demokratisches Produkt, es muss aber nicht politisch sein [J] . Der Spiegel, 2018 (36): 62 – 68.

[68] WAGNER W. Die Hightech – Offensive [J] . Der Spiegel, 2006 (1): 64 – 67.

[69] WAGNER W. Brüchige Basis [J] . Der Spiegel, 2010 (31): 78 – 80.

[70] WAGNER W. Prinzip Härte [J] . Der Spiegel, 2011 (11): 108 – 109.

[71] WAGNER W. Zwischen Geld und Gewalt [J] . Der Spiegel, 2011 (49): 82 – 84.

[72] WAGNER W. Lost in Innovation [J] . Der Spiegel, 2015 (9): 78 – 81.

[73] VILLALONGA B, BEYERSDORFER D, DESSATN V. Spiegel –

Verlag Rudolf Augstein GmbH&Co. KG [J]. Harvard Business Schod Coses, 2001 (2008): 1.

[74] WODAK R. The discourse – historical approach [M] // WODAK R, MEYER M. Methods of Critical Discourse Analysis. London: SAGE Publications, 2001.

[75] ZAND B. Der Anti – Trump [J]. Der Spiegel, 2017 (4): 92 –95.

[76] ZAND B. Neue Mitte [J]. Der Spiegel, 2017 (27): 92 –94.

[77] ZAND B. Verhandeln mit dem Leviathan [J]. Der Spiegel, 2018 (21): 6.

[78] ZAND B. Operation Mekong [J]. Der Spiegel, 2018 (41): 94 –99.

[79] ZIEM A. Begriffe, Topoi, Wissensrahmen: Perspektiven einer semantischen Analyse gesellschaftlichen Wissens [M] // WENGELER M. Sprachgeschichte als Zeitgeschichte. Hildesheim, Zürich, New York: Georg Olm, 2005.

欧洲媒体视角下的"创新中国"

——基于《明镜》《泰晤士报》《世界报》的报道分析

徐文锦 *

[摘要]

　　过去，从服装到电子产品，中国制造是世界上认知度较高的标签之一，但"中国制造2025"的发布也表明中国制造正在转型。近年来中国大力实施创新驱动发展战略，以全球视野谋划和推动创新；欧盟也一直倡导"开放科学、开放创新、向世界开放"的科技创新政策。2018年《中欧科技合作协定》签署20周年，中欧双方在科技创新领域的战略契合度高，科技创新合作已成为中欧全面战略伙伴关系的重要组成部分。然而，由于中欧在政治、经济和文化等方面的差异，双方在一些议题上出现认知差异甚至误解，有可能阻碍双边关系的发展。基于这种情况，研究欧洲媒体话语中的中国新科技创新形象对促进双方更好地了解有着积极的意义。欧盟中 GDP 位于前列的三个成员国分别是德国、英

---

　　* 作者单位：上海外国语大学新闻传播学院

国、法国，本文选取三国影响力最大的媒体，即德国《明镜》、英国《泰晤士报》、法国《世界报》2018年1月至2019年3月关于中国科技创新的新闻报道，讨论欧盟媒体相关报道的报道特点及呈现出的中国科技创新和中国制造的新形象，进一步探讨"创新中国"的媒介形象研究对中国国家形象塑造和对外传播的启示。

[**关键词**] 欧盟　媒体　科技创新　中国制造　国家形象

一、研究背景

随着中国迅猛地发展，国际社会日益关注着中国各方面的情况。对处于信息社会的公众来说，公众通过媒体提供的信息在头脑中建构起对他者的认知，并且媒体一直是塑造国家形象的主要力量（黄曦，2012）。国家形象是"一个国家的国际形象"，李寿源认为国家形象是"一个主权国家和民族在世界舞台上所展示的形状相貌及国际环境中的舆论反映"（李寿源，1999）。这里的国家形象主要指"国际性媒体通过新闻报道和言论或通过国际信息流动所塑造的对某国的总体评价和印象"。国家形象是一个国家综合实力的体现，包括经济力、科技力、国防力、政治力、外交力等最直接的外在表现。然而媒体的报道并非皆客观公平。在中国不断发展和崛起的过程中，西方媒体涉华报道负面情况比较普遍。美国、欧洲媒体对中国的陌生、政治上的偏见，以及他们所属国家的利益渗透在对中国报道的字里行间（王露露，2013）。在西方媒体报道中，从过去对中国政治的妖魔化到被认为是劣质低廉的"世界工厂"，中国国家形象一直面临严峻考验。

    如何促进其他国家正确了解中国，国外媒体客观、正面地报道中国，提升中国形象的研究和公共外交已经成了一个重要的研究课题。近年来，中国是国际媒体报道中的"常客"，同时在国际报道中的国家形象也有所变化，尤其是在经济和科技发展这些方面。"Made in China"曾是中国在世界的知名标签，制造业是中国经济的根基所在，也是推动中国经济发展质量提高的主要产业载体。但近年来中高端制造业回流发达国家，低端制造业向其他劳动成本更低的新兴经济体转移，中国的制造业发展面临双重挤压。基于这一背景，国家出台了"中国制造2025"，在巩固现有优势的基础上，通过创新驱动来实现中国制造业国际竞争力的提升。与此同时，华为、阿里巴巴等知名企业也不断向全球提供高科技产品和技术，并逐渐在世界站稳了脚跟，这些都是国际报道中国家形象变化的重要现实依据。

    因此，本文想要探究目前不断崛起的中国在西方媒体中新的媒介形象，所以将对欧盟媒体中有关中国科技和创新的新闻报道进行分析。2018 年《中欧科技合作协定》签署 20 周年，中欧双方在科技创新领域的战略契合度高，科技创新合作已成为中欧全面战略伙伴关系的重要组成部分，因此研究欧盟媒体中的中国科技和创新形象也对促进双方更好地了解有着积极意义。

二、文献综述及研究问题的提出

    通过"媒体""中国形象"等关键词在中国知网中搜索，发现国内相关研究从 2005 年以来不断增多。但大多研究都集中于美国、英国等主流国家媒体中的中国形象研究，其他欧盟媒体中的中国形象研究数量总体比较少。一些研究采取了跨学科的视角，所涉及的专业领域包括新闻传播学、国际关系、语言学等。在研究方法上，早期的研究主要采用定性的研究方法，致力于理论框架的构建和传播战略的描述。而近年来，许多研究都采用内容分析等定量研究方法，基于对报道主题、报道倾向等类别进行编码分析后的结果来探讨外媒对中国的看法和态度。

（一）从内容上，笔者将收集到的文献分为三类并进行梳理

1. 一定时期某份或某几份外国报刊涉华报道

这一类研究主要对国外具有影响力的报纸、期刊、电视媒体中的涉华报道进行分析，如对美国《纽约时报》《华尔街日报》、英国《泰晤士报》、德国《明镜周刊》等。选取一定时期如一年或十年，对其涉华报道进行纵向的历时分析，考察其话语的变化。

2. 针对某一重大事件，对国外相关报道进行收集分析

这一类的研究关注国际媒体如何报道国内的某些重大事件和国际会务，如"钓鱼岛事件""中美撞机事件""北京奥运会""上海世博会"等，分析外媒报道的主要特点、话语方式、隐含框架。在这一类研究中，比较研究也是经常被使用的方法，通过分析不同国家的媒体或同一国家不同的媒体中新闻报道的差异来进行研究。

3. 外媒涉华报道中某一领域如政治、经济等

这一类研究属于第一类研究的延伸，研究中国在国际媒体中的某一领域的形象。有学者总结了国内研究中主要的中国形象构成要素：政治、经济、文化、科技、社会、军事（黄丽诗，2014）。因此在后来的研究中，一些学者进一步拓展，深入探析国际媒体中的中国具体形象，

如经济形象、体育形象、"中国制造"形象等。

（二）"中国制造"到"中国智造"：中国经济和科技形象在变化

中国崛起最直观的表现就是连续多年的经济高速增长，在外媒眼中，中国成为新兴经济体的代表。有学者通过对德国《明镜周刊》2008—2016年涉华报道进行分析发现，政治、经济议题占到所有报道的六成以上，是外媒聚焦中国形象的核心领域。除了政治议题，外媒对中国经济议题的讨论主要包括经济政策、中国制造、互联网产业、房地产市场、股市、海外竞争和投资合作等具体话题（韩宏，2017）。

提到中国经济，制造业是不能绕过去的话题。"Made in China"是中国闻名世界的标签，曾被外媒广泛讨论，是中国经济形象的重要组成部分。有学者研究美国四大主流媒体从1979—2008年30年间的媒体报道后发现，"中国制造"从初期的物美价廉，到后来被批评为"是污染环境的、有毒的、廉价、低科技含量的"（王秀丽和韩纲，2010）。该学者的内容分析结果显示，这一过程背后与更深层次的政治、反倾销等多重因素紧密相关，也从侧面反映了西方国家对中国经济崛起的警惕和不安。但近年来中国的变化是巨大的，由于中国在经济和科技上的发展以及"中国制造2025"的提出，"中国制造"正在向"中国智造"转型升级，成果显著。

因此，本研究重点关注欧洲主流媒体对中国在科技和创新方面的报道。科学技术领域包括生物技术、空间技术、自然科学、高新科学等十分广泛的类别。根据政治经济学家约瑟夫·熊彼特的创新理论，创新包括新产品、新市场、新材料或半成品及其来源、新生产方式和新组织形式，而科技创新属于创新中的一个部分。本文将以这几点作为选取科技创新报道的依据和范围，那么中国重大科技突破、科技创新公司、高科技新产品、新的科技发展政策等可以被看作是与本研究相关的内容。

（三）研究问题的提出

基于上述文献综述，本文主要探讨欧洲三大媒体关于中国科技创新的报道特征与差异，以及中国在科技和创新领域新的媒介形象。具体研究问题包括：

1. 在 2018 年的报道中，欧洲媒体中有关中国科技创新的报道呈现怎样的特点？隐含了怎么样的新闻框架？

2. 欧洲媒体中有关中国科技和创新的报道呈现出的媒体形象是怎样的？

3. 关于上述的媒介形象研究对我国的国家形象塑造和对外传播有何启示？

三、研究方法

世界银行 2018 年发布的报告显示，欧洲 GDP 排名前三的国家分别是德国、英国、法国（世界银行数据，2018）。这三个国家同为欧洲的发动机，在欧洲的政治经济格局中占有重要地位。因此，本研究通过 Factiva 数据库选取了德国《明镜》网上平台"明镜在线"、英国《泰晤士报》、法国《世界报》自 2018 年 1 月 1 日至 2019 年 3 月 31 日（考虑报道的滞后，本文统计到 2019 年第一季度结束）中涉及中国及中国制造、科技创新、产业动态等相关报道为研究对象，通过内容分析法，使用 PowerConc 软件对报道文章中的单词等相关指标进行分析研究。鉴于本研究的目的，本文只考察在欧盟媒体中呈现的中国在制造和科技创新方面新的媒介形象。

德国《明镜》周刊（*Der Spiegel*）1947 年在德国创刊，已有 70 多年的历史。《明镜》2017 年的周平均发行量达到 76 万册。该刊注重深度调查性报道，敢于揭露政界内幕和社会弊端，由于《明镜》在国内外都有相当大的影响力，因此虽然其为周刊，本研究还是选择《明镜》作为样本。其次，本研究将以《明镜》周刊网上平台"明镜在线"的数据为基础。英国《泰晤士报》（*The Times*）于 1785 年创刊，是英国历史最悠久的日报，也是对英国乃至世界影响力巨大的报纸之一。法国的《世界报》（*Le monde*）是法国位居前列的全国性日报，也是在海外销售量最大的日报。该报政治倾向"中间偏左"，在国际问题上反映法国政府立场，因此本研究未选择《费加罗报》而选择了《世界报》进行研究。虽然美国媒体在世界舆论中常具有压倒性的影响力，但上述媒体也以自己独立的声音与美国等国的传媒影响力分庭抗礼，这些欧盟媒体对世界的影响也不可低估。

四、数据统计分析

（一）样本概况

本研究在 Factiva 数据库中，用 "China" "Made in China" "Technology" "Science" "Innovation" 等关键词变换组合，对三个媒体在 2018 年 1 月 1 日至 2019 年 3 月 31 日期间的报道进行全文搜索。笔者通读文章进行筛选，排除政治、外交、人权、社会、艺术等非经济类，与制造、科技话题无关的文章和以别的国家地区为新闻主体,以及顺便提及中国的文章,最终收集到82篇相关报道。

在全部82篇有效样本中,德国《明镜》网上平台"明镜在线"9篇,英国《泰晤士报》66篇,法国《世界报》7篇。图1可以直观地看到在指定时期内三个媒体的报道情况,其中英国《泰晤士报》上有关中国科技创新的报道最多,占总数的八成。由于《明镜》为周刊,因此本身报道数量就比较少,而就另外两个媒体来看,《泰晤士报》的报道远超《世界报》,这也能看出英国媒体对中国的科技发展相对最为关注。

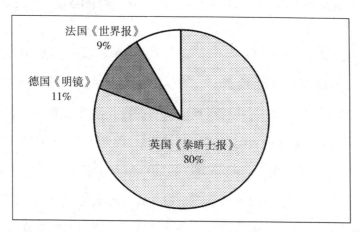

图1 三个媒体 2018 年 1 月—2019 年 3 月有关中国科技创新报道数量百分比统计图

(二)欧洲主流媒体对中国科技创新的报道特点

图2描绘了三个媒体在不同月份有关中国科技创新的报道数量变化。

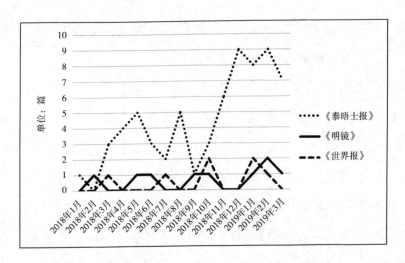

图 2　2018 年 1 月—2019 年 3 月各月份有关科技创新报道数量（单位：篇）

折线图显示，在 2018 年上半年，有关中国科技创新的相关报道并不多，在 2018 年 9 月至 12 月后，英国《泰晤士报》的相关报道猛增，但另外两个媒体一直保持比较平稳的发布数量，由此表明与中国科技创新相关的内容较多地进入英国媒体的议程。2018 年 12 月正值"孟晚舟被捕事件"，华为公司突然身处舆论的风口浪尖。此后，来年 1 月美国还对华为在网络安全方面进行多项指控，相关报道持续发酵，国际媒体的焦点都集中在这个中国通信巨头身上。通过折线图可以看到报道数量的变化与危机事件的爆发密切相关。

此外，通过将样本放入 PowerConc 软件中进行高频词和关键词分析，三个媒体在 2018 年 1 月到 2019 年 3 月关于中国制造、科技创新的报道主要关注了以下几个方面：中美贸易摩擦、人工智能、华为与网络安全、"中国制造 2025"、电子产品、云计算、共享单车、高铁、电动汽车、无人机。不同侧重点的报道百分比统计如图 3 所示。

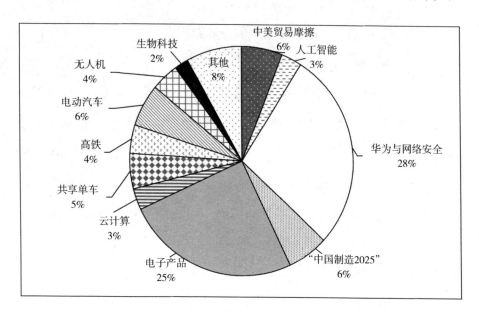

图3 三个媒体的报道侧重点统计图

在有关中国科技创新的报道中，28%的报道与华为公司有关，一方面是因为目前华为为许多国家提供其智能通信技术，另一方面是由于美国对华为公司网络安全的多项指控，让其他国家产生担忧。2018年《泰晤士报》中的多篇报道就持续讨论是否要将华为的技术和设备从其核心系统中移除。此外，欧洲媒体讨论最多的就是中国电子产品的快速发展，如一加、华为、小米智能手机，以及通过这些电子设备完成的聊天、电商、支付等便捷功能。"中国制造2025"要求中国未来在通信技术、机器人与自动化、航天航空、海洋工程、高科技航运、高铁、电动汽车、农业机械、新材料、药物与医疗设备这些领域取得快速进展。通过与上述报道重点的对比后，笔者发现欧盟媒体的报道主题和重点与"中国制造2025"基本吻合，也从侧面证明了中国在发布"中国制造

2025"后取得的显著成就和其带来的世界影响力。

（三）报道篇幅和版面分布

德国《明镜》周刊关于中国的报道每一篇都超过 1000 字，《明镜》所有样本的平均字数为 2998 字，其中一篇深度特稿字数达到 6661 字，将"德国工业 4.0"与"中国制造 2025"进行对比，全面详细地讨论了中国推出"中国制造 2025"后在汽车产业、工业机器人、通信、电子设备这些德国曾经领先世界的领域如今出色的表现。英国《泰晤士报》相关报道的平均报道字数为 694 字，法国《世界报》相关报道的平均报道字数为 908 字。

在报道形式方面，德国《明镜》作为每周发行的调查性报刊，所载文章主要是专题报道和特稿，内容较深入和细致。《泰晤士报》和《世界报》对中国的相关报道主要是新闻消息、社论，还有少量的专栏作家文章。在《泰晤士报》中，关于"中美贸易摩擦"和"欧洲将会在科技方面落后"的两篇社论文章被放置在报刊的重要位置。所选取的三个媒体的报道版面分布如图 4 所示。可以看到，2018 年 1 月至 2019 年 1 月三个媒体关于中国科技创新的相关报道多集中在新闻消息和商业版，共 75 篇，占总样本的 90%，可以看出这三个国家相对较关注中国科技创新的商业属性和高科技产品。

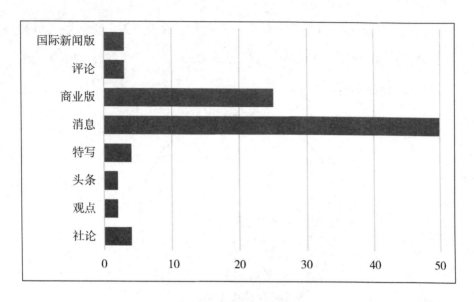

图 4　版面分布（单位：篇）

（四）相关报道所反映的中国形象倾向

笔者通读样本，并使用 PowerConc 软件对其进行 R – gram 分析，根据与关键词搭配的形容词的词性进行分析，对报道中呈现的中国形象进行划分。属于正面的词语有领先的（leading）等；属于中性的词语主要指客观描述的形容词；属于负面的词语有担心（concern）、恐惧（fear）、风险（risk）等。在 2018 年 1 月至 2019 年 3 月，《泰晤士报》报道中国科技创新正面形象的报道有 21 篇，中立形象的报道为 27 篇，负面形象的报道为 18 篇。三者分别占《泰晤士报》报道总数百分比为：31.8%、41%、27.2%。《明镜》周刊相关报道中中国正面形象占 1 篇，中立形象 5 篇，负面形象 3 篇。三者分别占报道总数百分比为：11.1%、55.6%、33.3%。《世界报》相关报道中没有比较正面的中国形象报道，中立形象的报道为 6 篇，负面形象的报道为 1 篇。两者分别占报道总数百分比为：85.7%、14.3%。图 5 表示三个媒体整体反映的中国科技创新形象倾向。

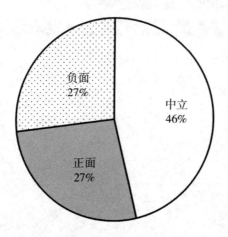

图 5　三个媒体报道中反映的中国科技创新形象倾向

　　表 1 是有关中国科技创新相关报道的议题和框架，通过图 5 和表 1 可以看到，在欧洲这三个主流媒体中，对中国科技创新形象的报道主要偏中立，大多数是客观地描述中国在科技创新领域所取得的进展和成就。在对列出议题的报道中，部分呈现一定的正面色彩。例如，英国《泰晤士报》2018 年 6 月 3 日的一篇报道写道："虽然目前中国与美国有着贸易摩擦，但是在科技领域的许多方面，中国已经领先美国和欧洲，走进北京和上海，你就像走进了未来。"此外，报道还将共享单车、电商、移动支付、高铁比作是中国的"新四大发明"，并进一步介绍了一家中国公司在人脸识别技术中的新进展。综上所述，"创新中国"已经成为欧洲三个主要媒体报道中呈现出的新的重要中国形象。

表1　有关中国科技创新相关报道的议题和框架

主要报道议题	出现频次	框架及其具体内涵
中美贸易摩擦	12	中国想要成为世界领军者，但美国一直在压制；中美贸易摩擦对欧洲也有很大影响
生物、化学、航空航天等科学技术发展	15	中国的科技发展迅速，发展深度深；被形容处于"高科技繁荣"时期
人工智能	6	中国研发世界上第一个虚拟新闻主播，人工智能发展迅猛
互联网	20	基于互联网的各种新发明（微信、移动支付、共享单车）极大便利了人们的生活；个人隐私安全问题突出
电子产品	4	中国产的部分电子产品物美价廉，销往全球
知识产权	6	近年来，中国不断加强对知识产权的保护；部分中国公司也被告窃取国外知识产权
中国制造2025	8	"中国制造2025"威胁着美国的科技领导地位；"中国制造2025"与"德国工业4.0"的对比，各有其优势
其他	10	电动汽车产业等

五、欧洲媒体报道呈现出的"创新中国"形象及对国家形象塑造的启示

（一）报道呈现出的"创新中国"形象

1. 中国科技创新发展迅猛：从"中国制造"到"中国智造"

通过以上分析可以看到，虽然中国许多工厂依然承接着来自世界各地的制造订单，但"世界工厂"已经不再是欧洲媒体频繁使用的标签了。媒体报道中的修饰语可以清晰地折射出"创新中国"的媒体形象。在样本中，"superpower""giant"是描绘中国和中国科技公司最多的词语，出现总频次超过 10 次，同时还伴有"the largest""the biggest"等修饰语。此外，媒体报道还会抓住一些细节来表现，如纸币已经成为过去时，从品牌商店到豆腐店，只要用户用手机扫描二维码就可以支付了，甚至一些流浪汉也有二维码让别人可以扫码。《明镜》周刊形容中国已经成为"全球创新的驱动者"（a driver of global innovation），《泰晤士报》形容中国目前正处于"高科技繁荣"（hi-tech boom）阶段，类似这种描述还有很多。

欧洲国家尤其是德国特别关注"中国制造 2025"，报道中经常将"德国工业 4.0"与"中国制造 2025"联系起来进行比较。《泰晤士报》表示中国制造的劣质货（made-in-China tat）已消失，而生产下一代智能手机的品牌，如一加、小米、华为却让英国人耳熟能详。法国媒体主要关注中国的食品烹饪、建筑设计、艺术等方面，对科技方面的新发展关注相对较少，但在相关报道中也提到了中国无人机、电动汽车、华为荣耀手机的发展。总体来说，欧洲媒体大多是正面客观地报道中国科技创新和智能制造的现状和水平。

2. 中国在许多行业赶超领先者，但有欧洲国家认为威胁大于机遇

从曾经媒体报道"是时候去复制中国的经验"到现在"是时候害怕中国了"，这样的话语转变表现出欧洲媒体将中国的崛起看作是一种威胁，而非共同发展的机遇。《泰晤士报》表示中国单单在人工智能上的野心就应该让英国的决策者感到担忧（Rowan，2018）。《明镜》周刊表示德国作为老牌的工业国家，一直以来都是世界汽车产业的领导者，而如今却十分担忧和警惕中国自己开始发展高科技和新能源汽车，更表示欧洲的汽车企业要是想继续保持领先地位，就别无选择要向中国学习，不断地给自己充电以求更好的发展。

同时，中国在欧盟的媒体中也呈现出一个"急于扩张"的形象。首先，中国高铁在全球制定了中国标准，更随着"一带一路"倡议与沿线国家展开深度合作。其次，欧洲媒体认为中国公司通过海外并购，获取该领域尖端的技术，极大地提升了自己的综合实力，从而更加具备世界竞争力，这一点对于欧洲老牌工业国家十分具有威胁性。在通信技术方面，英国主要的通信集团都在不同程度上使用了中国公司的技术和设备，他们认为本国用户的信息可能会通过这个渠道被窃取。这些都反映出"西方国家在潜意识里并不接受中国的崛起"，也想压制中国的快速发展，但欧盟国家中时常出现的意见分裂让他们无法实现统一行动。

3. 中国科技发展强大但仍问题重重

西方人具有批判性和强质疑性的思维方式，所以在新闻报道中也时常关注那些有争议、冲突性的事件，在赞叹中国的科技发展和产品的同时，也提出对中国网络安全、版权保护意识等问题的疑问。《泰晤士

报》认为百度、阿里巴巴等中国的科技公司对用户的隐私信息缺少足够的保护，而中国的网民却也愿意用个人信息来交换更加便捷的使用形式，但这其实会为个人的隐私安全带来隐患。此外，欧洲媒体认为中国公司不太重视知识产权的保护。欧洲媒体在报道中还暗示中国虽然真正成了经济强国，但是许多中国国民的素质和意识并没有随之提升。

（二）品牌形象与国家形象良性互动

如前分析，"创新中国"的形象和媒体报道密切相关。但另一方面，这也提醒国内各方的公共关系意识要有所提升。美国学者关于公共关系如何影响一国在海外的媒体形象的研究表明，政府和企业的公关行为能够有效减少外国媒体上负面报道的数量，提升国家形象（王秀丽和韩纲，2010）。过去的"中国制造"虽然遍布全球，但是缺少叫得出名的国际品牌。而如今"中国智造"下的各类电子产品不断出口海外，树立了相对独立的品牌形象，"创新中国"的形象慢慢在世界站稳了脚跟。虽然品牌形象不是塑造和传播国家形象唯一的途径，但优质品牌的产品出口到世界各地，并通过媒体或人际交流将良好的品牌形象传播开来，势必会在海外公众中建立积极正面的品牌认同，让人们对这个品牌以及生产该品牌的国家产生好感，从而实现一种良性互动。

在这种背景下，如何应对和处理企业的危机更是尤为关键的一步，一旦处理不慎很有可能拖累整个产业和国家的形象。在这种情况下，中国企业如何回应媒体，如何通过法律途径正当解决问题都会给中国的科技创新以及中国在国际上的整体形象带来重要影响。

六、结论

在过去的几十年里，中国的制造业迅猛发展，但低质廉价的竞争模式已经走到尽头。中国正通过"中国制造2025"等战略实现科技转型，目前已有显著成果。在西方媒体的报道中，虽然对中国的高科技产品有所赞扬，也指出了中国目前存在的部分不足，如贫困、污染等，但仍把中国看作拥有无比潜力的国家。

本文通过对2018年1月至2019年3月欧洲三个重要媒体上有关"创新中国"的新闻报道的内容分析，对提出的三个研究问题进行了探讨。研究发现：

首先，欧洲媒体中有关中国科技创新的报道数量不断增多，且报道数量的变化与危机事件的爆发密切相关。在选取的三份媒体中，英国和德国的媒体对中国科技创新关注较多，法国对其关注度较低。在报道的侧重点方面，欧洲媒体的相关报道主题与"中国制造2025"的主要领域几乎吻合，体现出中国科技创新的迅猛进展和不断扩大的世界影响力。

其次，在欧洲媒体的报道中，客观中立的报道占较大比例，其次正面和负面的报道数量持平。在相关报道中，大多是正面客观地报道中国的科技创新和智能制造水平。报道呈现出的"创新中国"形象主要包括三点：一是中国科技创新发展迅猛；二是中国在多方面领先，但欧洲等多国却将中国视作威胁；三是虽然中国科技发展强大但仍存在各种问题。

最后，媒体中的高科技产品以及品牌形象和国家科技创新形象建构会相互影响，同时会受到产品质量、企业危机、国家政策等因素的影响。

综上所述，本文对欧洲英法德三个媒体中有关中国科技创新的报道进行研究，希望能为中欧相互了解贡献一点微薄之力，也对我国的国家形象塑造和海外传播有着积极的理论和实践意义。

[参考文献]

[1] 黄曦. 美国主流印刷媒体报道中的中国形象——以《纽约时报》涉疆报道为例 [D]. 上海：上海交通大学，2012：2.

[2] 黄丽诗. 2012 年《纽约时报》中的中国国家形象 [D]. 厦门：厦门大学，2014.

[3] 韩宏. 德国《明镜》周刊中的中国国家形象研究（2008—2016 年）[D]. 武汉：华中科技大学，2017.

[4] 李寿源. 国际关系与中国外交——大众传播的独特风景线 [M]. 北京：北京广播学院出版社，1999：305.

[5] 世界银行. 2018 年世界各国 GDP 公开数据 [R/OL]. 世界银行公开数据，2019 - 03 - 29.

[6] 王秀丽，韩纲. "中国制造"与国家形象传播——美国主流媒体报道 30 年内容分析 [J]. 国际新闻界，2010 (9)：49 - 55.

[7] 王露露. 欧洲法语媒体中的中国形象 [J]. 中国记者，2013 (7)：124 - 125.

[8] FERGUSON N. As Trump and Xi spar, an ancient trap awaits both [N/OL] . The Sunday Times, 2018 – 05 – 06.

[9] FISHER L. Secretive Facebook could threaten democracy, former spy chief warns [N/OL] . The Times, 2018 – 12 – 08.

[10] HESSE M. Chinese Expansion Has Germany on the Defensive [N/OL] . Der Spiegel International, 2018 – 05 – 24.

[11] ROWAN D. The West should fear China's great innovation push [N/OL] . The Times, 2018 – 03 – 12.

中国主流媒体中的欧盟形象

——以《人民日报》2018年对欧盟相关报道为例

戴锦镕*

[摘要]

随着我国国际地位的提高，媒体的国际化程度也正在提升，作为国内民众了解世界的重要窗口，主流媒体对国外新闻的报道也受到越来越多的关注。欧盟作为世界上第一个由民族国家走向超国家共同体的区域一体化组织，其在国际舞台上发挥着重要作用，也是我国在经济、政治、文化等对外交流中不可缺少的伙伴。因此在国内民众中树立一个全面立体的欧盟形象对于中欧关系的发展是尤为重要的，不但能够提高国内民众对欧盟的了解，还能够促进中欧间的跨文化交流。本文将对《人民日报》2018年对欧盟的相关报道进行分析，试图从新闻信源、报道倾向、报道议题和形式等方面总结出2018年该报的报道特点和规律，并描述其所呈现的欧盟形象。重点讨论《人民日报》作为中国主流媒

---

* 作者单位：中国传媒大学电视学院

体的代表，是否能够在中欧关系中促进国内民众对欧盟以及中欧关系的全面了解，增强我国的国际传播话语权和影响力，同时为今后我国主流媒体的国际传播提供一定的策略和借鉴。

[**关键词**] 欧盟 《人民日报》 国家形象 中欧关系

一、研究背景和研究对象

2019 年，习近平总书记首次出访将目的地选择在欧洲无疑体现了中国对欧洲的高度重视。意大利、法国都是欧盟的重要成员国，此次访问也是这年中国对欧盟外交的"高光时刻"。欧盟已连续 15 年是中国最大贸易伙伴，2018 年双边贸易额创下 6821.6 亿美元的历史新高。而中国也多年保持着欧盟第二大贸易伙伴的地位。欧盟已经成为影响我国国民生活的重要一环。而民众对于欧盟形象的了解，很大程度上来自国内主流媒体对欧盟的相关报道。因此，国内主流媒体是否能够公正客观地报道，为受众呈现出一个全面的欧盟形象就显得尤为重要。而通过搜索和阅读文献，发现我国的学者对于欧盟在我国媒体中的形象相关研究并不多，关注点大多集中于对欧盟中某个国家在中国媒体中的形象或国外媒体的中国形象研究，而不注重对欧盟整体的研究。

因此本文着重研究中国主流媒体对欧盟的形象塑造，并探讨主流媒体的相关报道是否能在中欧关系中发挥作用，寻求如何通过媒体报道加深民众对欧盟的了解，促进中欧间的跨文化传播和交流。

本文选择了《人民日报》2018 年对欧盟的相关报道进行分析，《人民日报》作为党和政府的喉舌，也是中国对外文化交流的重要窗口。

1992 年，《人民日报》被联合国教科文组织评为世界十大报纸之一。在2018 年的报纸融合传播力排行榜中位列第一，该报在国内有较大的影响力和传播力，将其作为主流媒体的代表进行研究，具有较高的典型性。

二、文献综述及研究方法

（一）欧盟形象研究的理论依据

国家形象的概念提出时间较晚，在现代社会也正在被赋予着新的内涵。从国际层面上来说，杨伟芬认为国家形象是国际社会公众对一国相对稳定的总体评价（杨伟芬，2000），李寿源认为国家形象是一个主权国家和民族在世界舞台上所展示的形状相貌及国际环境中的舆论反映（李寿源，1999）。段鹏认为国家形象可以定义为：某一国家外部公众对该国政治、经济、社会、文化与地理等方面状况的认识与评价（段鹏，2007）。唐小松认为欧盟的公共外交具有单一国家公共外交的共同特性，同时，它也有特殊性，因为欧盟目前还不是一个真正意义上的国家。它要通过公共外交来展现其作为一个由不同国家组成的政治实体为共同利益开展工作所作出的努力（唐小松，2010）。本文认为，欧盟虽然不是一个真正意义上的主权国家，但它具有在各个方面的超国家性，因而对其形象的研究和对国家形象的研究有异曲同工之妙。中国主流媒体报道对欧盟的形象研究，包括但不限于国内媒体对欧盟政治、经济、军事、社会、文化、外交等方方面面的综合评价，它体现在传播媒介上，通过媒体到达受众，所以从某种程度上说，民众心中的欧盟形象是可以被塑造的。

（二）中国主流媒体中的欧盟形象研究

对于中国主流媒体中的欧盟形象研究，大部分文献是以内容分析法为主要方法研究媒体报道中如何塑造欧盟形象，和以调查问卷为主要方法研究中国人眼中的欧盟。

对欧盟形象的研究中包括外媒中的欧盟形象，在《英国纸媒中的欧盟移民形象分析——以 2017 年英国大选前欧盟移民报道为例》（崔欣等，2019）中采用内容分析法，从《卫报》等四份报纸有关欧盟移民相关报道中分析了新闻报道所呈现的欧盟移民形象。也有学者重点研究中国媒体中的欧盟形象，如《欧盟形象在中国本土社会化媒体上的征候》（刘佳等，2016）分析了中国互联网渠道中社交媒体对于欧盟外部形象的构建。《中国媒体中的欧洲形象——基于 2009 年三份典型报纸的内容分析》（曹琦，2012）中选取《人民日报》《环球时报》《北京晚报》三家纸媒在 2019 年有关欧洲和欧盟的报道内容进行分析，概括出中国媒体中欧洲形象的主要特点。

关于中国人眼中的欧盟形象研究，《中国学者对中欧关系的认知及影响因素——基于 2010 年"中国人看欧盟"调查的实证研究》（董礼胜，2011）中，给北京、上海、成都三个城市的学者发放调查问卷，研究发现，中国学者认为中欧双方应该加强公共外交，增进民众之间的相互了解。《中国媒体中的欧洲形象——基于 2009 年三份典型报纸的内容分析》（曹琦，2012）中也采用调查问卷的方法发现中国媒体对于欧洲的相关报道会影响民众对于欧洲的形象看法。

通过查找阅读文献发现，对于中国主流媒体中的欧盟形象研究案例较少，问卷调查和案例分析法为比较常见的研究方法，而媒体报道确实会对民众心中的欧盟形象产生影响，本研究具有一定的现实意义。

本文采用内容分析法和话语分析法，选择了 2018 年 1 月 1 日到

2018年12月31日《人民日报》关于欧盟的报道，以人民网中电子版《人民日报》为抽样框，将检索条件设定为"标题"。输入"欧盟"，搜索2018年1月1日到2018年12月31日《人民日报》关于欧盟的报道。经过人工筛选，剔除重复项和与欧盟无关联项，得到样本81篇。

　　研究先对样本进行整理，通过对该报对欧盟报道数量、议题、信源、报道倾向、报道体裁、报道形式等的数据统计，分析对欧盟报道的特点和变化，之后从经济、政治、外交等方面的报道进行整理，梳理出该报所呈现的欧盟形象。

　　文章的创新点在于着重研究中国主流媒体对欧盟整体的形象塑造，同时不仅仅分析欧盟形象，还关注主流媒体关于中欧关系报道和其所承担的职能间的关系。

三、内容分析

（一）新闻信源分析

表1　信源统计

新闻信源	占比
政府	45.13%
外媒	19.91%
专家及各界人士	18.41%
文件报告及统计数据	15.49%
公众	1.33%

如表 1 所示，报道中提到明确的信息来源共 226 次，其中 102 次信源来自政府，主要包括欧盟和其他国家各级政府官员，占比高达 45.13%；19.91% 的信源来自外媒，主要包括西方广播、电视、报纸以及通讯社等媒体；15.49% 的信源来自各类文件，包括报告、声明和统计调查等；18.41% 的信源来自专家学者和各界人士，包括政界、商界及各领域和机构代表；1.33% 来自公众。《人民日报》作为党报，以刊登重要时事新闻和政策信息为主，是读者了解国内外重大事件的重要平台，一半以上的信源来自各国政府及官员，体现了其较高的权威性和较高的可信度，以及对于信息来源的严格把控。来自外媒的信源占比第二，体现了《人民日报》在进行对欧盟的相关报道中对多方消息来源的搜集和采纳。政府和外媒在关于欧盟形象的塑造中发挥了较为重要的作用。来自各类文件的信源占比 15.49%，多方信源使报道具有更多的客观性，来自公众的信源明显较少，表明对公众的意见考虑不足。来自文件与统计数据和专业人士以及外媒的信源比例都在 15%～20% 之间，体现出《人民日报》力求在整体上采用多个信源，体现多方声音，通过引用西方媒体、各界人士和专家的分析评论来从多个角度为读者提供一个立体多元的欧盟形象。

总体来看，人民日报 2018 年关于欧盟的相关报道中，采用政府官方信源的比重较大，有较高的公信力，但公众话语引用较少，因此很多报道缺乏生动性和公众反馈，这部分有待提高。同时，由于对外记者人数限制，官方图片大多来源于新华社，而来自新华社的稿件比例达到 33.33%，反映出在对于欧盟的相关报道中，《人民日报》的原创性有待加强。

（二）报道倾向分析

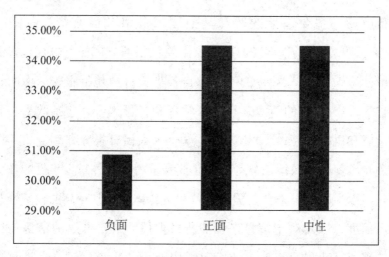

图1 报道倾向

通过分析发现，在关于欧盟的报道中，该报报道偏客观，中性报道和正面报道比例相同，都为 34.57%，负面报道占总体的 30.86%。负面报道主要集中在政治议题如英国脱欧、欧美、俄欧关系以及与难民相关问题上；正面报道中，71.43% 的报道都是关于中欧关系的，表现出该报在涉及我国形象的议题上存在"报喜不报忧"的问题。关于环保、社会、军事安全等议题以中性报道为主。

总体来看，正面和中性报道占比大于负面报道，报道的倾向性和议题的选择有较大关系，涉及欧盟发展的不同方面，《人民日报》的报道倾向也会发生变化。

（三）报道议题分析

根据报道内容，将议题分为外交、经济、政治、军事、环境、社会、难民问题几大类。由图2可以看出，该报对欧盟的外交方面报道占比最大，达到33.33%。

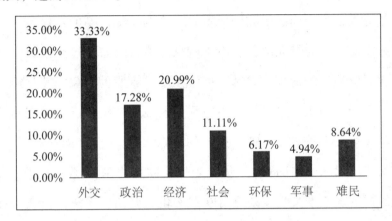

图2 报道议题

外交方面的报道中，如图3所示，关于中欧关系的报道占比达到74.07%，体现出中欧双方在国际发展和国际关系中的重要作用和密切交流，14.81%为关于欧美关系的报道，欧盟与其他国家和地区如欧拉、欧非、欧俄的相关报道达到11.11%。在中欧关系的报道中，62.5%的报道都是关于政治议题，包括政府官员会晤、政策文件发布等内容，经济和文化类议题占比均为16.67%。可以看出在中欧关系的报道中，经济方面的报道较少，使得国内读者缺乏对欧盟整体经济情况和文化的认识。在经济报道中，关于我国和欧盟在国际贸易间的纠纷获得较多关注，如《对原产于美国、欧盟、韩国、日本和泰国的进口苯酚商务部发起反倾销立案调查》《商务部公布对原产于美国、欧盟和新加坡的进口卤化丁基橡胶反倾销调查初裁》《商务部就欧盟将我技术转让措施诉诸世贸争端解决机制发表谈话》，但这方面内容多为事实性的报道，消息来源单一，缺乏各方意见和专家评论，无法为读者提供较为全面的中欧国际贸易关系的认知。新闻不仅是为了报道消息，还应该为受众解释、说明信息。读者无法从这些报道中厘清中欧国际贸易纠纷的来龙去脉，也就无法对欧盟的形象尤其是经济形象进行一个较为客观的了解。在中欧关系报道中文化类议题都是关于中欧间文化交流的，《人民日报》的重点大都集中于中国文化，《在欧盟品味四川感受中国》《中华礼乐惊艳欧盟之都》等报道都在展现中国的饮食、艺术文化，缺乏对欧洲文化的介绍，无法让受众增加对欧洲文化的了解。

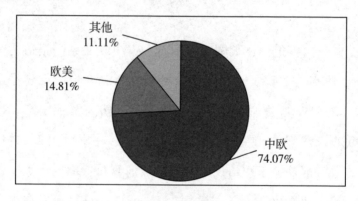

图3 外交议题

关于欧盟与美国的国际关系报道包括经济和政治议题，大多为负面报道，题目如《欧盟采取措施反击美国加征关税》《欧盟将从22日起对自美国进口部分产品加征关税》《欧盟警告美国汽车关税将致美出口遭巨额报复》《欧盟与英法德三国发表联合声明，对美国将重启对伊制裁深表遗憾》《欧盟与美国唱对台戏 跨大西洋联盟松散了?》《欧盟大声对美国说"不"!（环球热点)》等反映了欧盟和美国在欧洲一体化、对伊朗核问题态度上的矛盾，给国内读者呈现出欧盟与美国在关税政策、国际政治方面紧张的国际关系，美欧分歧进一步加大。而在欧盟与其他国家和地区如欧拉、欧非、欧俄的相关报道中，报道倾向多位中立，比较客观地呈现了欧盟与其他国家和地区的外交关系。

在其他报道议题中，该报对欧盟经济议题关注最多，达到20.99%，其中对于欧盟经济形象的塑造几乎没有正面的报道，欧元区改革、意大利经济危机、欧盟与美国以及我国的贸易纠纷等均表现了2018年欧盟在经济方面遇到的困境和问题以及欧盟并不明朗的内部及国际经济形势。《人民日报》并没有对欧盟经济发展过程中的积极事件如希腊欧债危机解除、2018年较低通胀率以及较为强劲的劳动市场等进行报道。

政治议题的报道占比17.28%。主要集中在欧盟内部成员国关系及英国脱欧相关问题上，大部分都为消极的报道倾向，如《欧盟"东西裂痕"进一步加大（国际视点)》《西巴尔干国家加入欧盟路漫漫》《波兰司法改革加剧与欧盟分歧》《欧盟"一体化"走走停停》等报道从标题到内容都表明欧盟内部成员国的关系不稳定，欧洲一体化进程中依然存在着很多挑战，为民众呈现了欧盟内部错综复杂的矛盾以及未来发展的不确定性。

关于社会的议题占比11.11%，报道大多关于欧盟针对食品安全、网络管理等出台的各项法规，报道倾向大多较为客观，但整体来看，相比于政治及经济议题，《人民日报》对欧盟的社会发展报道较少。占比8.64%的难民报道较为全面细致地报道了难民危机对欧盟造成的影响，面对国内民众对接受难民的反对，各国对待难民的态度也渐趋强硬，而欧盟各成员国若只求自保，将进一步对欧洲的团结造成破坏，也将制约欧洲的一体化发展。军事及安全议题和环保议题各占4.94%和6.17%，军事及安全议题方面，报道内容大部分有关欧盟防务一体化的建立，由于欧美之间的贸易纠纷以及政治矛盾，欧盟也意识到欧美同盟关系发生了很大变化，各国领导人都开始强调欧盟自身防范能力的发展，积极促成欧盟的独立防务联盟，在报道中也涵盖了欧盟在防务一体化道路上存在的问题和困难。环保议题中该报多关注欧盟对空气污染和水污染的治理，内容集中于欧盟为了环保所作出的如立法、加大惩戒力度等努力。

该报2018年的报道中，文化议题均有关中欧文化交流，对于欧盟及其成员国的文化方面内容报道不多。

《人民日报》面对的主要是国内读者，对于欧盟的外交关系报道较多，中欧关系的报道大多态度积极，营造出中欧关系向好发展的形象，但对欧盟与世界其他国家和地区的关系塑造不全面。政治、经济、难民问题报道比例相似，试图从多个侧面塑造一个较为全面的欧盟形象。对环保、军事安全和欧盟文化关注不足，尤其在文化方面的相关报道中，重点大多放在我国，没能够为国内读者提供一个立体均衡的欧洲形象。

（四）报道体裁及形式分析

从报道体裁上看，《人民日报》采用通讯类报道最多，篇幅较长，占比 64.2%；消息类占比 32.10%，位居第二；评论报道一篇，关于欧盟的经济议题，占比为 1.23%。该报在对欧盟的相关报道中体裁较为单一，媒体不仅要报道信息，还要为公众分析、解释信息，较多的通讯和消息类报道无法对读者产生足够的吸引力。

在报道形式上，图文报道占比 16.05%，一篇纯图片报道，与社会议题有关，其余均为文字报道，报道形式单一，只在涉及中国的报道中采用较为丰富的报道形式。

总的来说，《人民日报》关于欧盟的报道呈递增之势，正面报道并无明显的数量优势，大体上能够呈现出欧盟在政治经济各方面遇到的问题和危机，比较真实地塑造出一个有问题但正在积极改变的欧盟形象。

四、中欧关系发展中《人民日报》发挥的作用

随着我国和欧盟各国在经济、政治、文化上的交流越来越密切，自1998 年开始的中欧双方最高级别政治磋商机制即中欧领导人会晤不仅将推动中欧关系行稳致远，也为当前充满不确定性的世界贡献了重要稳定因素。但由于中欧在政治体制、价值观、文化等方面的不同以及众多外部因素的影响，中欧关系也在一些问题上存在着分歧，中欧人民也依然对彼此存在着"刻板印象"。中欧政府正在积极为良好的中欧关系做出努力，中国和欧盟已经建立了高级别的对话和交流机制，文化艺术

节、中国—欧盟旅游年等文化交流活动也促进了新时代下的中欧合作。随着国家沟通的日益频繁，媒体日益成为国内民众了解欧盟最直接最重要的渠道。《人民日报》作为国内首屈一指的主流媒体，应该充分发挥其职能，拥有国际化的视野，为国内人民了解欧盟打开窗口，为良好的中欧关系发展做出贡献。

如前文所提到的，在对中欧经济关系的报道中，对于一些相对负面的中欧经济信息，《人民日报》往往采取较短的消息类报道，虽然总体上体现出报道不全面，但在国际经济形势不容乐观的 2018 年，一定程度上能够减少国内受众对中欧经济关系的负面评价，增强国内民众对于中欧经济友好合作的信心。

对于欧盟面对的挑战，《人民日报》的态度大多客观中立，能在报道负面消息的同时加入对未来的预判以及欧盟正在做出的能动性努力，让读者对于中欧关系的未来走向怀有信心，如《华为 5G 获全球首张"欧盟通行证"》《欧盟在世贸组织就美钢铝关税提起磋商请求》等报道。中美贸易摩擦给中欧走近客观上创造了前景，欧洲和中国都在遭受来自美国的强势压力，这就使得双方成为抗击贸易保护主义中的自然伙伴。在中美关系日益紧张和不确定是否摆脱贸易摩擦条件下，中国和欧盟国家间文化科技方面的合作将提高中欧人民相互交流的积极性，而《人民日报》的相关评论性文章也可以较好地增强读者对中欧关系的新的期待。

五、对于国内主流媒体国际报道的启示

（一）均衡用力，展现更全面的中欧关系

《人民日报》定位于"中国共产党中央委员会机关报"，旨在"宣传党的主张，弘扬社会正气，通达社情民意，引导社会热点，疏导公众情绪，搞好舆论监督"，因此该报对欧盟的报道侧重于双边关系和交流活动上。对中欧关系报道的数量之多和聚焦式的报道方式反映了中欧之间文化交流的日益频繁，中国国家旅游局统计数据显示，2016 年，访问欧盟各国的中国公民达 349.17 万人次。旅游分别为中国和欧洲带来了 141.7 亿美元和 114.9 亿美元的收入。2017 年 1 月至 11 月，中欧旅游双向交流规模超过 660 万人次。中国与欧洲之间，正在通过旅游等方式增进人民交往，助力社会经济、文化交流等方面蓬勃发展。中国文化是国内受众最为熟悉的部分，能让读者有亲近性，也更愿意从中了解欧洲文化。

但报道中大多并未重点提到欧洲文化，落脚点多为中国文化的多样和丰富性，对于国内受众来说，这部分信息大部分都是已知信息，他们想更多了解的欧洲文化并未呈现在报道中，使得受众的黏性不足，参与性也不高。主流媒体在报道中外交流合作时，应当均衡用力，增大报道其他国家和地区的特色文化等的版面比重，拓宽受众视野，增加文化认同，丰富受众知识面，促进文化多样性的发展。

（二）通力合作，促进中欧关系向前发展

为了让国内民众对欧盟产生更多了解，比如欧盟内部取得的经济和

社会成就，我国媒体可以与欧盟各成员国政府合作，增加报道的可信度，即时传递中欧友好交流合作的信息。

现代的新闻学研究表明，新闻不仅仅是一个观察世界的窗口，而且是一种话语活动。当受众对话语的形成背景不够熟悉，没有亲身体验或是其他的信息来源的时候，新闻的指导作用最大。我国主流媒体在报道欧盟负面消息时，通常采用篇幅较长的通讯类报道而且报道态度多为消极，塑造出欧盟和其他国家及地区的紧张关系。一方面，对于欧盟和其他国家的关系，我国受众较为陌生，需要较多笔墨进行叙述；另一方面，这也体现出我国媒体在报道有关我国相对负面的新闻时往往采取回避或忽略的方式，延续了时政报道给民众的刻板印象。这样做不但不能够给国内受众对我国对外关系留下完美的印象，反而受众会由于无法在主流媒体中获得完整的信息，而从一些其他消息来源获取到不准确的信息，造成错误信息的获取和对我国及其他国家形象的误判。

作为受众群体庞大的主流媒体，理应全面真实地报道新闻，和国外政府或媒体合作，不但能拓宽信源，还能增强报道的权威性和可信度，在树立起其他国家和组织全面形象的同时树立起"敢说话、能说话、说实话"的国内一流权威媒体形象。

（三）增加信源，丰富报道体裁和形式

目前来看，《人民日报》报道的信源以官方信源为主，这是主流媒体的一大优势，即能够准确快速地获得官方一手消息，但同时，主流媒体也不应局限于官方的信息来源，《人民日报》的多篇报道中都采用了来自国外各家媒体的评论和消息。我国应更加注重与外媒的沟通交流，利用多方媒体多角度报道变化中的欧盟，同时该报对于专家和各界人士意见的采纳也起到了多方印证和评论的作用，增加了报道的客观性和信息量，能够为受众分析、解释信息。但也要注意，其中对公众的关注度不够，只有两篇报道提到了公众，但信息来源指向模糊，没有具体到某一个人，缺乏可信度。反观国外媒体如《纽约时报》《每日邮报》等对中国的报道可以发现，其报道多从某个普通民众切入，以小见大。关注民众能够体现媒体的人文关怀，还能够拉近受众距离，产生亲切感和真实感，也让"高高在上"的主流媒体更有亲和力，更加"接地气"。

在对欧盟的相关报道中，《人民日报》的体裁和形式类型均缺乏丰富度，可以加入"AR扫一扫"增强现实等功能，采用多种方式增强和受众的互动，也可以将纸媒和社交媒体相结合，如"扫一扫"实时评论、和专家互动，或者观看"人民视频"等等，让时事新闻不枯燥，增加趣味性的同时增强受众的参与性，如CNN曾做过让民众进行关于英国脱欧结果预测的报道，这种互动式新闻很好地拓宽了传播渠道，也更易获得更多关注。

六、结论

本文选择《人民日报》进行研究，具有一定特殊性，作为我国重要的主流媒体，《人民日报》有自身的任务和责任。综合来看，在2018年关于欧盟的相关报道中，虽然存在着报道不够全面、体裁形式不够丰富、轻文化重政治经济等问题，但作为官方媒体，《人民日报》较好地发挥了其在帮助民众认识中欧关系方面的作用。尤其在全球政治经济形势错综复杂的今天，民众依然能够通过国际新闻了解到国际局势的变化以及中欧关系的发展。

国际新闻的形态包括"向中国说明世界，向世界说明中国，向世界说明世界"。向国内民众报道欧盟就是在向中国说明世界，全面立体的报道不但能让中国更好地"走出去"，也让中外沟通联系少一些政治、经济、文化上的障碍，只有这样，才能让世界更好地"走进来"。

[参考文献]

[1] JOWON P. How US television networks cover Korea and Japan: Contrasts in the coverage [J]. Asian Journal of Communication, 2002, 12 (1): 1–24.

[2] 杨伟芬. 渗透与互动：广播电视与国际关系 [M]. 北京：北京广播学院出版社，2000：25.

[3] 李寿源. 国际关系与中国外交：大众传播的独特风景线 [M]. 北京：北京广播学院出版社，1999：305.

[4] 段鹏. 国家形象建构中的传播策略 [M]. 北京：中国传媒大学出版社，2007：8.

[5] 唐小松. 欧盟：在国际体系中整体形象的树立及启示 [J]. // 公共外交季刊 2010 秋季号（总第 3 期）[C]. ：察哈尔学会，2010：6.

［6］崔欣，许加彪．英国纸媒中的欧盟移民形象分析——以 2017 年英国大选前欧盟移民报道为例［J］．西部学刊，2019（1）：41 – 44.

［7］刘佳，许琳．欧盟形象在中国本土社会化媒体上的征候［J］．大连海事大学学报（社会科学版），2016，15（1）：121 – 128.

［8］曹琦．中国媒体中的欧洲形象：基于 2009 年三份典型报纸的内容分析［M］//董礼胜，等．中国人看欧盟：现状、成因及其政策含义．北京：社会科学文献出版社，2012：277.

中国主流媒体社交平台中欧盟形象的框架与隐喻

——基于"人民日报"微信公众号的分析

尹凯民 *

[摘要]

随着中欧交往的不断加深,欧盟成为中国主流媒体国际报道的重点。《人民日报》作为党和政府的发声渠道,能够在一定程度上代表国家的观点与态度,具有重要的研究价值。本研究采用文本分析与文化社会学中框架分析相结合的方法,从《人民日报》微信公众号中获取数据,对近三年来所有以"欧盟"为关键词的新闻报道或评论进行筛选,借用框架理论与概念隐喻理论分析中国主流媒体社交平台中的欧盟形象。研究发现,中国主流媒体对于欧盟的报道与热点时事呈同步趋势,报道重点在政治与经济两大主题之上,聚焦于对中国影响密切的重大国际事件,同时涵盖社会、外交、环境、科技、旅游、政策法规等主题,能够从不同角度建构出一个多样化的欧盟形象。总体而言,中国与欧盟

* 作者单位:南京大学社会学院

在经济利益的往来上合作与冲突并存，在科技、环保、外交上秉持相同的发展理念，双方拥有巨大的合作发展前景，由美国引发的贸易摩擦在一定程度上缓解了中欧之间的贸易矛盾，双方开始越来越多地秉持一致的立场与态度，欧盟在中国主流媒体中的魅力也逐渐发生改变。通过考察中国主流媒体对于欧盟的报道可以发现中欧往来的焦点所在，对于政府的行政工作具有重要的参考价值。

[关键词] 主流媒体　欧盟形象　中欧关系　社交平台

一、研究背景

改革开放以来，中国对外建设的步伐不断加大，中国与欧盟之间的交流合作迅速增多。在过去15年内，中欧之间的合作关系由简单的双边合作深化为全面战略伙伴关系。随着中欧关系的不断深化，有关欧盟话题的学术研究成为热点，探究中国媒体中的欧盟形象成为考察双方关系的一个重要落脚点，值得学界关注。

新中国成立以来，欧盟在中国主流媒体中很长一段时间内是"超级联盟"的形象，无论是经济、科技、军事等硬实力，还是文化、外交、国际传播等软实力都处于世界前列，这与中欧之间的发展水平的差距及欧盟的软实力建设密不可分。欧盟自成立以来便长期以软实力扩大其影响力，对内打造欧盟发展模式，对外树立人道、公正的欧盟形象，在世界范围内强化了欧盟在人们心中的形象与地位（梁孝，2008）。近年来，中国的综合国力迅速攀升，欧盟经济发展状况却呈疲态，国际力量对比格局发生变化，中国主流媒体对于欧盟形象的报道也发生了一定改变。

"主流媒体"在中国是客观、公允、权威的象征，在人民心目中拥有不可替代的公信作用，也是中国国内关注量最大的媒体。整体而言，主流媒体处于一国文化语境准则之内，具有广泛的影响力，也与政府有着紧密的联系（Kenix, 2011）。因此，以中国的主流媒体为考察对象具有高度的代表性与无法比拟的权威性。而随着互联网与移动社交媒体的发展，传统媒介纷纷在社交网络上拓展发展渠道，在社交平台中，主流媒体能够获得更大的关注量，依托于科技的支持，可以实现更新速度更快、报道更加全面，也更具有研究价值。

二、研究综述及研究问题

（一）社交媒体与国家形象

国家形象是一个复杂历史过程的产物，涉及国家政治、外交关系、综合国力变化、社会发展状况以及大众文化等多重因素，是一国综合形象在世界舞台上的展现（Peng, 2004）。在整合各类因素方面，新媒体在建构国家形象中扮演着极其重要的角色（Adoni & Mane, 1984；Wolfsfeld et al, 1988）。沃尔特·李普曼（Lippmann, 1922）认为，人们对于外部世界的认识来自头脑中的图景，而媒介是沟通二者之间的重要桥梁。具体而言，媒介对于外部世界的观念优先在人们脑海中形成印象，媒介报道中突出的元素也将在民众脑海变得重要（McCombs, 2004）。因此，通过研究媒介对于外部形象的塑造可以在一定程度上考察民众对于某一事件或地区的印象或评价，使得研究媒介中的国家形象成为必要。

根据欧文·戈夫曼（Erving Goffman）的观点，新闻媒体会依据特定原则（框架）对新闻事实进行选择性处理。这种框架不但会影响新闻机构的运作，同样会渗透到民众的认知结构当中，媒介可以通过一系列图像和符号、事件或仪式来使国家的形象成为受众眼中真实、可触摸的存在（Scannell & Cardiff, 1995）。在传统媒体时代，对于国家形象的报道只能寻迹于新闻报道之中，新闻框架单一且固定，不利于受众对于国家形象的全面认知。互联网帮助社交媒体在传统的体制与框架外获得一定的自由，即便是同一种媒体，其线上线下的运营逻辑与模式也有所不同，社交情境下的媒体以一种更加贴近于受众阅读习惯的逻辑运行，提供了更加多元的视角，对形象的架构更加丰富形象，更具有研究价值。

此外，对于国家形象问题的研究，过去普遍将中国置于西方之上，重视西方的中国形象，体现出浓重的"西方情结"（董军，2018）。随着中国综合国力的提升，中国眼中的西方形象研究日益为世界需要。

（二）中国—欧盟双边关系

中欧关系的发展大体上可以被分为四个重要阶段，第一阶段即新中国建立初期，冷战背景下，中国与同为社会主义阵营的东欧国家建立外交关系，与西欧则几乎没有联系（石晶，2015；冯仲平，2019）。1956年后，中苏关系开始恶化，中国与欧洲各国的关系开始进一步发展，与英法建交标志着中欧关系走向第二个阶段。第三阶段的中欧关系处于"文革"时期，中欧关系进入低潮，随着中德建交，中欧关系重新步入正轨。改革开放后，中欧关系进入到第四个关键时期，中国将工作重心转移到经济建设等政策提升了欧盟在中国对外开放中的重要战略作用，推动了中欧关系的发展（冯仲平，2019）。

受到 2008 年金融危机的影响，中国国内讨论欧盟的话题数量呈增长态势，整体以中欧关系讨论为核心，经贸关系为主，辐射政治、科技、能源合作等话题。总体而言，改革开放以来的中欧关系合作与竞争并存，中欧之间在经济贸易上的合作往来助力了双方的经济发展，但欧盟对中国之间的贸易逆差导致双方摩擦时有发生，中国制造业的快速发展也对欧盟的领先地位构成了挑战（门镜，2018）。经济活动作为国际交往中最重要的沟通方式，在很大程度上能够折射双边关系。因此，以经贸关系为例，有学者将改革开放以来的经贸关系分为三个主要阶段，1978—2000 年处于飞速发展时期；2001—2012 年为调适与稳健发展阶段，2013—2018 年为务实与深化发展阶段（毕晶，2018）。这种经贸关系在一定程度上体现了中欧双方经历了由高速发展到产生矛盾，再到平稳、深入合作的过程。

中美贸易摩擦凸显了欧盟作为世界重要经济体的作用，白明和史凯赫（2019）认为欧盟既是美国的重要经贸伙伴，也与中国保持密切的经贸关系，因此有可能成为中美贸易摩擦殃及的最大"池鱼"，但同时也是中美贸易摩擦最重要的第三方筹码。随着中美贸易摩擦的加剧，中欧之间的合作关系也发生了改变；中国对外开放程度步伐的加大、"一带一路"政策的支持以及中欧贸易之间的互补关系都促使中欧的互补关系不断深化。

总体而言，中欧关系合作大于摩擦，双方的互助作用越来越明显，中国在普世价值观念上、世界问题治理的态度上与欧盟高度一致，在反对强权政治、维护多边秩序、合作双赢等理念上的共同性也多于差异性（张健，2019）。未来，中欧在经济贸易、世界多极化发展、维护国际秩序等领域还有更大的合作空间。

综上所述，已有研究围绕中国与欧盟之间的政治、经济、军事以及社会发展状况等国际关系问题，研究主题十分全面，不乏深刻洞见。而对于中国对欧盟媒介形象的报道与塑造的议题讨论，在数量和质量上都极为有限，存在较大研究空间。因此，本文研究问题主要围绕以下三个方面：

1. 中国主流媒体在社交平台上的欧盟形象是怎样的？具有怎样的特点？

2. 哪些议题成为中国讨论欧盟的热点？对于欧盟形象有着怎样的影响？

3. 对于欧盟的报道映射出中欧之间怎样的国际关系？

三、理论渊源

（一）框架理论

框架理论源自心理学与社会学领域，心理学家主要从"人的认知心理"研究范式出发，探讨个体对信息的处理与建构的方法。社会学家戈夫曼（1974）将"框架"这一概念引入文化社会学研究领域，以象征互动的视角对框架进行了诠释，发现了框架在人认知并解释社会事务与组织结构中的重要作用。大众传播对于框架理论研究的思想主要基于戈夫曼的阐释，恩特曼（Entman，1993）指出了框架中"选择"与"凸显"

两种机制。在新闻报道中，媒体将认为重要的部分进行特别报道，体现新闻的意义与解释是框架作用的重要意义。根据这样一种理论视角，能够解释中国主流媒体在报道欧盟时的主题分布与议题聚焦的特点。

此外，黄旦（2005）认为，框架理论的中心问题是媒介的生产，即组织怎样反映现实并规范人们对其的理解。媒介的话语意义如何被建构是学界目前对于框架理论关注的焦点。同样，国家形象如何被建构是国际传播中的研究重点，体现了框架理论在这一问题上的适用性。

（二）概念隐喻理论

概念隐喻理论发端于20世纪80年代的语言学研究，乔治·拉科夫（George Lakoff）与马克·约翰逊（Mark Johnson）在合著《我们赖以生存的隐喻》（*Metaphors We Live By*）一书中提出这一概念。他们将隐喻从语言表达深化到思维层面，认为隐喻弥散在我们的生活之中，深刻地影响着人们的思维和行动（Lakoff & Johnson，1999）。

媒介的报道蕴含着丰富的隐喻，梁婧玉和汪少华（2015）认为概念隐喻可以被理解成始源域到目标域的映射。因此，探究主流媒体在欧盟报道中的隐喻，能够在一定程度上发现报道的倾向性与目标，对于考察背后的国际关系具有重要意义。

四、研究方法

（一）样本选择

本研究采用文本分析与文化社会学中的框架分析相结合的方法。研究对象为《人民日报》微信公众号发布的所有以"欧盟"为关键字的新闻报道或评论。数据收集持续时间为三年，从 2016 年 1 月 1 日至 2018 年 12 月 31 日。

首先，本文选取的"中国主流媒体"，是指隶属于中国共产党中央委员会，由国家公有，在国内外享有最高权威性、影响力、美誉度及严肃性的媒体，辅之以历史悠久、知名度高等参考指标。综合上述标准，本研究将《人民日报》作为研究的消息来源，主要基于以下两点考虑。一、从媒体类型上看，《人民日报》由中国共产党中央委员会主管，是党和政府的喉舌，在同类媒体中具有最高的权威性与影响力，能够在一定程度上代表党和国家的意见与态度；二、从发展历史来看，《人民日报》诞生于新中国前，是新中国历史悠久的报刊之一，被联合国誉为世界十大报纸，在人民心目中享有极高的知名度、美誉度与信任感，新闻报道能够影响民众的看法。

其次，在时段选择上，本研究之所以将时间限定在 2016 年至 2018 年主要基于两点考虑。首先，报道的时效性是影响对于媒介形象判断的重要因素，选择时效性强的报道能够更加准确地反映媒介形象。其次，2016 年是中国"一带一路"倡议惠及欧洲卓有成效的一年，是考察中欧关系的重要时间节点，同时英国脱欧成为世界关注的话题，这也为考察中国对于欧盟的整体态度提供了良好契机，2017 年的中德、中欧领导人会晤，2018 年中美贸易摩擦等重大事件都使得这一时段具有代表性。

（二）数据搜集

研究人员将搜索关键词设定为"欧盟"，搜索微信公众号历史文章中包含"欧盟"关键词的所有新闻报道或评论，选取浏览量超过十万次且内容确与欧盟有关的所有样本共 131 个。

　　研究者制定了分析框架，从每一篇报道或评论的文本类型、主题分布、具体议题、态度基调、相关人物等五个方面展开具体分析，将主题详细分为八个领域：政治、经济、外交、社会、科技、环境、旅游、政策法规。通过对数据进行归纳和分析，得出以下结论。

五、研究发现

（一）报道特点

　　随着全球多极化格局的不断演变，中国与欧盟之间的联系日益紧密，"欧盟"这一话题在中国主流媒体的社交平台上也频繁地被提及。其中，对于政治及经济话题的报道占比最大，在搜集到的131项样本中有关经济类话题的数量共49项（占比37%）、政治类话题共42项（占比32%）；其次，外交与社会类的话题占比分别是13%与10%；环境、科技、旅游、政策法规等话题讨论较少且报道数量均衡，均占据总量的2%，详见表1。

表1　报道主题

主题＼年份	2016	2017	2018	总计	占比/%
经济	8	9	32	49	37
政治	14	14	14	42	32
外交	6	7	5	18	13
社会	7	4	2	13	10
环境	1	2	0	3	2
科技	1	0	1	2	2

年份 主题	2016	2017	2018	总计	占比/%
旅游	1	0	1	2	2
政策法规	0	0	2	2	2
总计	38	36	57	131	100

通过表1数据可以发现，近三年《人民日报》微信公众号以"欧盟"为中心的同类话题中除经济类话题受中美、美欧贸易摩擦的影响在2018年的报道数量显著增加外，其余主题的报道数量在不同年间保持均衡态势，能够在一定程度上体现中国对于2018年中美贸易摩擦的重视，以及对于美欧贸易问题的关注。根据报道框架的"凸显"功能可知，政治、经济两大主题始终是中国对于欧盟的关注重点，两项主题所占报道比例远远超过其他六项议题报道比例之和，从侧面反映了中国对于欧洲发展状况的关注。接下来，本文将从政治、经济、社会、外交、科技与环境这五个具体维度对《人民日报》社交媒体中的欧盟形象进行详细分析。

（二）形象描述

1. 政治形象：欧盟一体化进程任重而道远

从报道框架上看，"英国脱欧"成为近三年来中国对欧盟最关注的政治类议题，有关"英国脱欧"的报道占据了所有政治类新闻报道的74%，详见表2。

表 2　政治类议题

议题＼年份	2016	2017	2018	总计	占比/%
英国脱欧	8	12	11	31	74
其他	6	2	3	11	16

　　英国脱欧不但对欧盟内部格局产生影响，同样对整个世界的政治、经济产生蝴蝶效应。相比于对欧盟内部变化的关注，《人民日报》更加重视"英国脱欧"会对中国产生怎样的影响。在一篇名为《定了！英国选择脱欧，将在四个方面影响中国》的报道中，《人民日报》列举了英国脱欧对中国的四个重要影响："一、中国失去了一个欧盟内部推动中欧自由贸易的重要力量；二、人民币国际化和中国资本'走出去'受到影响；三、对股市产生影响（主要体现在股市的下跌）；四、英镑贬值对留学和旅游群体而言是利好。"总体上看，中国主流媒体认为"英国脱欧"对中国来说利处有限，更深层次的影响尚待观察，中欧自由贸易的问题受到影响的可能性极大，体现了主流媒体对于这一问题的隐喻。

　　除了对中国所受影响的关注，主流媒体对于欧盟这一联盟整体的预期也表示担忧。过去，欧盟常被认定为是一个具有吸引力且规范性强的联盟，从政治、经济、文化、科技等各个角度看，欧盟的一体化有力地推动了各成员国的发展，也便利了欧洲地区人民之间的相互往来。虽然欧盟内部也存在意见分歧，但整体上能够平稳有序运行。但是，目前主流媒体对于欧盟一体化发展更多的则是表示担忧。一方面，英国脱欧引发了"多米诺骨牌效应"，继英国之后，法国、德国、意大利、荷兰等国内部也相继出现了"脱欧"的声音；另一方面，英国脱欧导致的一系列贸易、移民、留学问题的改革也对于欧盟内部的稳定性产生了冲击。欧盟能否平稳渡过英国脱欧的缓冲期，继续协调各成员国共同发展仍是未知数，但就目前来看，中国主流媒体认为欧盟一体化仍任重而道远。

2. 经济形象：强大但发展滞缓的联盟

贸易是经济类议题所突出的框架，中欧之间的贸易往来始终是中国主流媒体关注的重点议题，在经济主题报道中，以贸易为主要议题的报道占到总量的85%以上，详见表3。

表3　经济类议题

年份 议题	2016	2017	2018	总计	占比/%
欧—中贸易制裁	2	4	1	7	14
中—欧贸易制裁	2	1	3	6	13
中、欧反对美国贸易保护	0	0	15	15	32
欧—美贸易制裁	0	1	5	6	13
美—欧贸易制裁	0	0	2	2	5
欧盟反对中国市场经济	2	0	0	2	5
中欧贸易摩擦和解	0	0	1	1	2
欧盟成中国最大贸易伙伴	0	1	0	1	2
其他	2	2	3	7	14

近年来，中欧之间始终存在贸易摩擦。欧盟与中国的贸易冲突主要

体现在两个方面：第一，欧盟多以"反倾销"为由对中国商品实行贸易制裁；第二，欧盟拒不承认中国的市场经济地位。《人民日报》在2016年10月21日的报道中提道："美国与欧盟是对华最主要的反倾销国"，可以体现中欧之间的贸易摩擦形势的严峻。但是，受到2018年美国在世界范围内推行贸易保护主义政策的影响，中欧之间的贸易对抗逐渐缓和，逐渐在反对美国贸易保护主义问题上达成一致共识。

有关中欧在贸易问题上合作共同抗议美方的报道全部出现在2018年，《人民日报》在2018年4月25日与26日连续两天的报道中均提到了欧盟请求加入中国诉美国钢铝关税的磋商。支持贸易自由、开放，体现了两国在维护贸易自由问题上的一致立场。同时，2018年有关欧盟对中国贸易制裁的报道数量为近三年最低，体现了中欧在贸易政策与理念上的一致与反对美国贸易保护主义的隐喻。

总体而言，中国主流媒体对于欧盟的经济发展持有较为中立的态度。一方面，承认欧盟在经济上的重要地位与发展程度；但另一方面，认为欧盟现阶段的经济发展水平缓慢，制约因素多。自2008年金融危机以来，欧盟便遭遇经济发展的寒冬，为了维持联盟内部的平衡与发展，以英、法、德为首的资本主义强国承担了更多的责任与压力，酝酿了联盟内部的不稳定因素。经济发展趋于饱和、欧盟一体化危机重重、制造业转移引起的失业率上升等诸多因素预示着欧盟经济发展面临的挑战。与此同时，中国主流媒体的新闻报道中可见中国是助力欧盟经济发展的重要力量的隐喻，例如据《人民日报》2017年报道，中欧2017年的贸易总额为6444.6亿美元，欧盟成为中国第一大贸易伙伴。随着中欧之间合作的不断加深，中国与欧盟的合作及经济往来将为欧盟带来巨大的支持，中国将成为帮助欧盟发展贡献多的国家之一。

3. 社会形象：深受难民问题与恐怖主义的困扰

就目前来看，欧盟集团深受难民与恐袭问题的困扰。在近三年《人民日报》报道中，有关难民问题与恐怖主义问题的报道占据了社会类议题全部报道数量的69%，详见表4。

表4　社会类议题

年份 议题	2016	2017	2018	总计	占比/%
难民问题	3	0	1	4	31
恐怖主义	1	3	1	5	38
其他	3	1	0	4	31

2016年至2017年，《人民日报》列举出发生在英国、法国、德国、瑞士、瑞典、比利时等国家的恐怖袭击事件达十余起。中国主流媒体对于欧洲社会的安全情况表示担忧，恐怖袭击活动的报道成为国内民众对欧洲国家社会安全与否的重要判断，在一定程度上影响了旅游及留学人群的选择。此外，欧盟也深受难民问题困扰，难民问题不但影响到欧洲的社会安全，同时危及欧洲一体化、成员国家的社会环境与经济发展。以英国脱欧为例，承担过多难民责任成为促使英国人民离开欧盟的重要因素之一，英国脱欧结果出炉后，德国成为承担难民问题责任最大的国家，也相继引起了德国内部的不满。难民对于欧盟成员国的教育、医疗、就业、社会保障等资源构成挤压，有关难民破坏社会安全的事件也时有发生，成为困扰欧盟的重要社会问题。

　　虽然恐怖主义与难民问题成为笼罩在欧洲上空的乌云，但中国主流媒体并非完全是对欧洲社会的负面隐喻。在整体报道框架中，仍然可见欧洲政府对社会建设的努力。例如2016年的报道中提到欧盟组建欧洲医疗队，应对突发疫情；2017年报道欧盟努力降低失业率以及2018年对于加强数据保护政策的报道均能体现欧盟在人民生活问题上的积极努力，对于欧盟的社会建设以及政府责任的承担，中国主流媒体给予了较高评价。

　　4. 科技与环境形象：先进发达且节能环保的有机联盟

　　一直以来，中国主流媒体对于有关欧盟科技类议题的报道均给予了较高的评价。"先进"与"发达"成为欧盟在科技领域隐喻的代名词。一方面，在有关中国国内某项科技水准要求的报道框架中，常以符合"欧盟标准"来进行印证，体现对于欧盟技术水平的认可；另一方面，在对于世界顶尖技术问题的报道上总能体现欧盟的参与贡献。在有关环境类议题的报道上，通过阅读《人民日报》对于欧盟环境类议题的报道能够发现，欧盟在许多环保问题上走在世界前列。例如，2016年10月30日报道欧盟24个国家和地区及欧盟代表一致同意在南极设立首个海洋保护区；2017年9月11日报道欧盟多国制定了禁止燃油车时间表，并敦促成员国内部禁止燃油车等新闻，能够体现欧盟在节能减排等工作方面的努力。

　　在2017年6月1日针对美国退出《巴黎协定》的报道中，《人民日报》提道："欧盟和中国领导人承诺致力于全面落实协定，这份协定成为中国和欧盟之间首个联合声明文件"，能够体现中国与欧盟在环保问题上高度一致，也对与美方理念上的差异和行动上的不作为形成鲜明的隐喻。在环保问题上互相认同的理念，成为中欧在此类议题上合作的契机，也能够体现中国同欧盟在广泛议题上理念的一致性与双方的合作潜力。

5. 外交形象：积极交流与开放多元的欧盟

《人民日报》对于欧盟有关外交活动的报道框架主要聚焦于中欧之间的国际交流与合作。近三年来，中欧之间始终保持着密切的交流往来，2016 年国家主席习近平多次访问意大利、波兰、捷克等欧洲国家，对于中欧之间的合作展开密切交谈。2017 年的中德领导人会晤与第十九次中欧领导人会晤成为对欧盟外交活动报道的热点，2018 年中国加入欧盟"伽利略计划"、与保加利亚商议共建核电项目等报道均能体现中欧合作的不断深入。除此之外，欧盟对于中国举办的外交活动也给予充分的重视，欧盟领导人多次出席"G20 峰会""一带一路论坛""中欧领导人会晤"等重要会议场合。

总体而言，在外交活动上，欧盟秉持开放、交流、多元的态度，在中国主流媒体中没有出现与欧盟有关的"地区主义""霸权主义""双面政策"等新闻的报道，这与中国"人类命运共同体"的一致性形成隐喻。同时，欧盟在外交问题上也同样拥有自己的原则与立场，例如，从延长对朝鲜的制裁、拒绝与土耳其进行入欧谈判、驱逐俄罗斯外交官员等报道中可以体现在"反对核武器""欧盟利益""国家安全"等问题上欧盟始终坚持自身的立场与原则，虽倡导开放交流但坚决维护国际局势、欧盟利益，在外交政策中具有"胡萝卜加大棒"的特点。

综上所述，中国主流媒体报道框架中始终凸显对于中欧利益触动较大的事件（"英国脱欧"与"贸易争端"），这也是为什么政治、经济类话题能够在所有主题的报道中占据大量篇幅的最重要原因。值得注意的是，在2018年中美贸易摩擦不断加剧的过程中，中国主流媒体中的欧盟形象也随之发生转变。根据自由制度主义观念来看，国家之间除了利益冲突之外，还存在大量的共同利益与合作利益，构成制约国家互动的结构性因素。因此，美国的贸易保护主义行径在一定程度上促进了中欧在经济上的往来，这种结构能否稳定，仍值得商榷，但由其带来的报道态度的转变的隐喻在中国主流媒体的报道中已可窥见。

六、讨论与总结

本文梳理了近三年来《人民日报》微信公众号中所有与欧盟有关的新闻报道和评论，借助于框架理论与概念隐喻理论对政治、经济、社会、外交、科技、环境、旅游、政策法规八个主题所讨论的欧盟话题进行了详细的分析。目前来看，有关欧盟媒介形象的研究十分有限，除新闻学研究与传播学研究之外，很少有学者重视此类问题。本文重提对于欧盟媒介形象的分析并非因为话题讨论数量的稀缺，而是鉴于中欧之间交往联系的日益紧密，考察中国主流媒体对于欧盟的形象描述成为必要。

在对于欧盟形象的塑造上，中国主流媒体尽可能从不同角度建构了一个多样化的欧盟形象。从经济形象上看，欧盟的经济实力走在世界前列，但现阶段发展缓慢，缺乏活力；在政治形象上，欧盟联系虽紧密但一体化进程仍面临诸多问题，任重而道远；在社会形象上，欧盟虽饱受难民问题与恐怖主义的困扰，但欧盟国家能够积极承担政府责任，在社会建设上不断努力；在科技与环境方面，欧盟形象均处于积极正面的方向，无论是尖端的科技实力还是对于环境保护的大力推广，中国主流媒体与欧盟都具有一致的态度；而在国际交往方面，中欧之间始终保持着密切的相互往来，在外交理念上共同反对霸权主义、强权政治等。

对于国家（地区）形象的认知是一个动态的过程，受到中欧各自的发展水平、中欧之间的双边关系以及国际社会上其他势力的影响。欧盟作为世界上较大的联盟之一，其本身的复杂性也对外界的认知构成挑战。冯仲平（2019）认为，现今社会存在两个欧盟：一个发达的欧盟和一个发展中的欧盟。"发达的欧盟"指欧盟的对外贸易政策和货币联盟；而"发展中的欧盟"指的是共同的外交和安全政策以及欧洲安全和防卫政策。随着"发达的欧盟"与"发展中的欧盟"之间的不断协调、欧盟一体化进程的演变、欧盟经济实力的变化，中国对于欧盟的媒介形象还将呈稳定变化的趋势。

媒介中的国家形象能够直观地反映出国与国之间的关系。当下，美国在世界范围内推行贸易保护主义，影响国际经济交往秩序，破坏了长久以来建立的国际贸易规则，这与中国倡导的"互联互通"观念产生矛盾。欧盟作为中国最大的贸易伙伴，与中国在经济、社会、科技、环保等诸多领域都持有一致的发展理念，这也成为新时代中欧深化合作的契机。分析中国主流媒体中的欧盟形象，对于政府的行政工作具有重要的参考意义。在科技、环境等问题的交流上，欧盟有先进的理念或技术方法值得中国学习，双方也应该在此领域继续深化合作。在经济等问题的交往上，针对美国在世界范围内掀起的贸易保护主义，中国应学会与秉持共同理念的欧盟加强经济领域的合作，减少贸易摩擦，实现互利共赢；在英国脱欧的问题上，中国尊重英国人民选择的同时也应尽快实现与英国、欧盟新一轮的贸易政策对接。

虽然主流媒体能够从多个角度对欧盟进行报道，但仍不可避免地将关注重点放在牵涉到中国利益有关的话题上，这也对全面考察欧盟在其他领域的形象带来一定局限。本文仅从部分角度出发探索中国主流媒体中的欧盟形象，质化分析、形象描述占据主要内容，如何能够更加全面地探析欧盟形象，将报道中的发现转化为可供政府在行政过程中的参考与建议仍值得不断探索。

[参考文献]

[1] ADONI H, MANE A. Media and the social construction of reality: Toward an integration of theory and research [J]. Communication Research, 1984, 11 (3): 323 – 340.

[2] ENTMAN R M. Framing: Toward clarification of a fractured paradigm [J]. Journal of communication, 1993, 43 (4): 51 – 58.

[3] GOFFMAN E. Frame Analysis: An Essay on the Organization of Experience [M]. Cambridge: Harvard University Press, 1974.

[4] KENIX L J. Alternative and mainstream media: The converging spectrum [M]. London: Bloomsbury Academic, 2011.

[5] LAKOFF G, JOHNSON M. Philosophy in the Flesh: The Embodied Mind and Its Challenge to the Western thought [M]. New York: Basic books, 1999.

[6] LIPPMANN W. Public opinion [M]. New York：Macmillan Press，1922.

[7] MCCOMBS M. Setting the agenda [M]. England：Polity Press，2004.

[8] SCANNELL P，CARDIFF D. A social history of British broadcasting [M]. Oxford：Blackwell Press，1991.

[9] WOLFSFELD G，AVRAHAM I，RAIYA A. When property fails，every year：Israeli press coverage of the Arab minority land protests [C]. 48th Annual Conference of the International Communication Association，1988.

[10] PENG Z. Representation of China：An across time analysis of coverage in the New York Times and Los Angeles Times [J]. Asian Journal of Communication，2004，14（1）：53 – 67.

[11] 毕晶. 改革开放四十年中欧经贸关系回顾与思考 [J]. 国际贸易，2018（10）：15 – 19.

[12] 白明，史凯赫. 欧盟在中美贸易摩擦中的处境与抉择 [J]. 国际贸易，2019（1）：68.

[13] 董军. 国家形象研究的学术谱系与中国路径 [J]. 新闻与传播评论，2018，71（6）：105.

[14] 冯仲平. 改革开放40年的中欧关系 [J]. 国际论坛，2019，21（2）：10.

[15] 黄旦. 传者图像：新闻专业主义的建构与消解 [M]. 上海：复旦大学出版社，2005：229.

[16] 梁孝. 内外兼修：欧盟软实力制胜之道 [J]. 前线，2008（4）：38.

[17] 梁婧玉，汪少华. 政治语篇隐喻架构之分析——以布什和奥巴马的医保演说为例 [J]. 陕西师范大学学报（哲学社会科学版），2015（2）：121.

[18] 门镜. 改革开放以来的中欧关系：竞争与合作 [J]. 人民论坛·学术前沿，2018（23）：36.

[19] 石晶. 从两大阵营到全方位的合作伙伴 中欧关系的历史演变与治理之道——专访中国社会科学院欧洲研究所所长黄平 [J]. 国家治理，2015（26）：25.

[20] 张健. 美俄欧中互动：欧盟角色及其政策取向 [J]. 现代国际关系，2019（2）：10.

中国地方媒体中的欧盟环境形象

——以华龙网对欧盟环境报道为例

赵 青*

[摘要]

环境新闻报道能够加深人们对某一个区域环境状况的了解，进而对该区域的形象塑造产生影响。一直以来，欧盟在国内主流媒体新闻报道中都是以环境保护严格的形象出现，那么，中国地方性媒体对欧盟环境报道又是怎样的？本文选择重庆地区最具影响力的地方新闻门户网站——华龙网关于欧盟的99篇环境报道作为样本，发现华龙网建构出关于欧盟的三个环境形象，即环境法规的制定者、环保行动的践行者以及中欧环境交流合作伙伴的形象。环境问题一直是全球性问题，好的环境报道不仅可以给予作为国家生态保障重要战略区域的重庆诸多环境保护方面的经验，也能提升地方媒体环境报道专业化水平。针对华龙网对

＊ 作者单位：重庆师范大学新闻与传播学院。本文由重庆师范大学研究生科研创新项目资助，项目批准号 YKC19026。

欧盟环境报道中的不足，本文亦提出相应对策。

[关键词] 地方媒体　华龙网　欧盟　环境报道　环境形象

一、研究背景

1975年5月6日，中国与欧共体（欧盟前身）正式建交，自此中国与欧盟在政治、经济、文化等领域始终保持着友好合作关系。2013年，习近平总书记提出"一带一路"倡议，以此为背景开通的中欧班列更是进一步促进了中欧经贸往来。截至2019年3月，中欧班列累计开行1.4万余列，覆盖16个国家的108个城市，联通了欧亚大陆，促进了双方经济文化交流互通（中华人民共和国驻意大利共和国使馆，2019）。

环境领域的交流与合作也是中欧关系中非常重要的一部分。1972年联合国斯德哥尔摩人类环境会议首次将环境问题引入世界政治议程。中国开始积极开展环境外交，并日益加强与世界各国的环境合作。欧盟的环境保护政策和技术一直走在世界前列。世纪之交，我国环境保护事业尚处于起步阶段，欧盟通过一系列环境合作项目，如欧盟—中国辽宁综合环境项目（1999年）、中欧环境管理合作计划（EMCP）（2001年）、中国—欧盟能源环境技术援助项目（2002年）等为中国的环境保护事业提供了资金和技术上的援助，并通过一系列环境会议加强了两地环境交流与合作。近年来，中国与欧盟更是在气候变化、生物多样性、大气污染防治、可持续发展战略等方面积极开展对话与合作。

2011 年 3 月，首列中欧班列（"渝新欧"国际班列）从重庆团结村站始发，由阿拉山口出境，途经哈萨克斯坦、俄罗斯、白俄罗斯、波兰至德国杜伊斯堡站。2018 年 6 月，"渝新欧"国际班列成为国内首个实现累计开行达 2000 列的中欧班列。这意味着重庆与欧洲国家的贸易合作步入了新的台阶，重庆在中欧贸易中占据着非常重要的位置。重庆位于中国东西接合部，承东启西，辐射南北，是西南地区颇具代表性的工业城市，由于地处大巴山脉、两江流域，生态环境较为复杂。重庆的地理位置和战略位置都表明，在与欧洲进行经济贸易的过程中，对于欧盟各方面的了解是必不可少的。

美国学者李普曼（Walter·Lippmann）的"拟态环境"理论认为，在现代社会，由于人们的实际活动范围和精力有限，对于外部世界，人们不可能事事都能通过"亲力亲为"来获得直接经验，而更多的是通过媒介提供的信息，即媒介建构的"信息环境"来建构对于世界的认知，继而采取行动。环境新闻报道作为传播环境信息的一种重要途径，在当代中国的影响力不断加强。目前国内公众对于欧盟的认识，除了亲自到欧盟国家获得的直接感受，更多的是通过媒介提供的关于欧盟的信息，来建构欧盟的形象。一直以来，欧盟在国内主流媒体新闻报道中都是以环境保护严格的形象出现，那么，中国地方性媒体对欧盟环境报道又是怎样的呢？本文以重庆地区最具影响力的新闻门户网站——华龙网（http：//www. cqnews. net/）作为研究对象，探究其是否重视欧盟环境报道、报道的具体情况以及报道中的不足，以期分析华龙网关于欧盟的环境报道对于重庆地区的环境保护是否具有指导意义。

二、研究综述

国内对于欧盟的研究多是政治、经济方面的研究，相对而言，对于欧盟生态环境方面的研究并不多，但随着欧盟环境保护在世界范围内的影响力日益增强，以及中国与欧盟在环境领域的交流与合作增多，自21世纪以来，国内对于欧盟环境的研究数量呈现出总体上升的趋势。通过对既有文献进行分析，目前国内学界关于欧盟生态环境的研究主要集中在以下三个方面。

一是当有自然灾害发生时，欧盟积极协助救灾。一方面，欧盟各成员国之间签订有互助协议，当一国发生自然灾害时，可向欧盟请求援助。另一方面，统计发现，在欧洲地区，乃至世界范围内，当有灾情发生时，欧盟委员会及其成员国都会积极协助这些国家救灾。如2013年8月，波黑山火蔓延，向欧盟寻求国际救援，在欧盟委员会应急响应中心的迅速调配之下，波黑邻国的克罗地亚（当时新加入欧盟的成员国）派出两架灭火消防专用飞机前往波黑，参与当地的灭火工作。2013年11月，菲律宾遭"海燕"重创，欧盟与德国承诺为其提供经济援助。2015年4月25日，尼泊尔发生8.1级地震，欧盟委员会当天在一份声明中指出，将派遣救援专家前往尼泊尔协助救灾。

二是对于欧盟环保技术和治理经验的研究。如《欧盟在当前中国同等发展阶段时的环境保护经验》（高颖楠，李丽平，2017）一文总结出欧盟在中国同等发展阶段时的环境保护经验，即对环境保护的认识由"单向"向"综合"不断深化，逐步形成"治理和激励"相结合的环境管理手段，建立强大的环境政策制定及执行体系，积极承担全球环境治理责任，并对我国的环境保护工作提出建议（高颖楠，李丽平，2017）。此外，欧盟对于水、大气、土壤等环境污染的监测与保护实践也是国内学界研究比较多的（胡必彬，2004；王海燕等，2008；傅聪，2012）。

三是欧盟环境政策对我国经济贸易的影响。如尹显萍（2008）的《环境规制对贸易的影响——以中国与欧盟商品贸易为例》一文对环境规制产生的贸易影响进行了实证分析。结果表明，中欧环境规制指数与进出口指数存在比较稳定的相关性。欧盟环境规制的相对严格化使得中国污染密集型行业生产的产品在中欧贸易顺差中扮演了重要角色，从而使我国承担了更多的环境成本。此外，还有学者对两国贸易的绿色壁垒、循环经济等做出研究，如李昭华、蒋冰冰（2010）、赵绘宇（2006）等。

总的来说，国内学界对于欧盟环境的研究多是从法学、环境科学、经济学等学科背景出发，专门对欧盟环境形象进行研究的文献仅《中欧环境合作的民意基础——欧盟环境形象在中国的传播与公众认知分析》（张莉，2012）一篇，该文通过对中国主流媒体对欧盟形象的报道分析，以及对中国城市居民与精英人士的问卷调查指出，相较于欧盟在我国主流媒体上的政治、经济形象，欧盟环境行动者形象可见度不高，但处于上升趋势。我国民众对欧盟在保护世界环境作用上的评价要高于对欧盟在世界和平和全球经济作用上的评价。这篇文章采用实证研究的方法，侧重于分析国内媒体报道与中国公众对欧盟环境形象的认知之间的相关性，并没有对媒体呈现的欧盟环境形象做具体的分析。本文将立足于新闻传播学的学科背景，以华龙网为例分析中国地方媒体关于欧盟的环境新闻报道，总结出其建构的欧盟环境形象，并发现其中存在的问题，探讨其报道是否对本地方实践具有指导意义。

三、华龙网关于欧盟环境报道的基本情况

华龙网成立于 2000 年，是国务院新闻办公室批准组建的首批省级重点新闻网站，由重庆市委宣传部主管，是重庆日报报业集团媒体融合发展的战略转型平台，是重庆唯一拥有新闻采访权的网络新闻媒体和首个"十媒一体"的全媒体网站。目前，华龙网日均影响受众超过 3000 万人次，手机报集群用户超过 1042 万，重庆客户端集群用户超过 1027 万，Alexa 全球排名 1000 名左右，在全国省级重点新闻网站中保持排名前三、被转载指数第一（华龙网，2017）。

在华龙网网站，以"欧盟"作为关键词进行搜索，共有 2168 条结果（本文将欧盟作为一个独立的整体来进行研究，每个单独的成员国不在本次研究范围内）。笔者通过全样本检索，抽取出华龙网对于欧盟的所有环境报道，得到从《欧盟委员称"马肉风波"事件非食品安全问题》（2013 年 2 月 14 日）到《欧盟议会通过禁塑令 2021 年起禁用一次性塑料产品》（2018 年 10 月 26 日）共 99 篇样本。根据统计，华龙网关于欧盟的环境报道从报道数量与频次、新闻来源、体裁和报道形式等三个方面呈现如下特点：

（一）报道数量与频次

统计发现，环境方面的新闻仅占华龙网关于欧盟的所有新闻报道的

4.6%。2013年至2014年，报道数量大增，2014年至2015年，数量锐减，且2014年至今总体呈现下降趋势。在六年时间中，报道数量最多的是2014年，有64篇，占比达到65%。最少的是2016年，仅1篇报道。此外，2013年17篇，2017年2篇，2018年3篇。总的来说，华龙网关于欧盟的环境报道六年的总体数量不多，每年的报道数量也不多，且年度变化非常大。

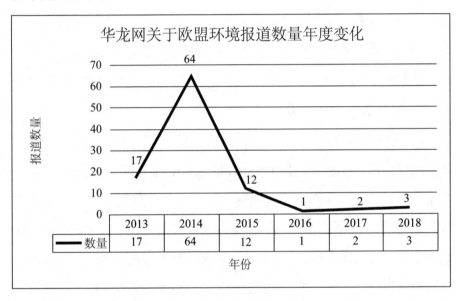

华龙网关于欧盟环境报道数量年度变化

	2013	2014	2015	2016	2017	2018
—— 数量	17	64	12	1	2	3

年份

图1 华龙网关于欧盟环境报道的数量与频次

2014年之所以数量最多，一方面是因为欧盟有许多关于环境方面的大事发生；另一方面是因为华龙网对同一新闻事件进行反复报道，报道频次较高。2014年共有10篇新闻报道是关于欧盟秋季峰会的，这次峰会在环境保护方面存在着许多争议，会议经过"加时"讨论，最终推动各成员国就《2030年气候与能源政策框架》达成一致，并提出了

"温室气体减排"计划。而其他年份华龙网关于欧盟峰会的报道多是关于政治方面，如英国脱欧至今仍是华龙网关于欧盟报道非常重要的一部分。同时，有6篇相关的新闻报道都是关于欧盟对中美两国应对气候变化的行动表示赞许。2014年12月共有5篇新闻报道了在秘鲁首都利马开幕的联合国气候变化大会，虽然联合国气候大会每年都会召开，但是华龙网关于2015年巴黎气候大会的新闻报道比较少关注欧盟方面。此外，2016年1篇，2017年2篇，2018年3篇，这三年并不是没有与欧盟相关的环境新闻事件发生，而是华龙网忽视了欧盟环境报道，转而关注欧盟其他方面的报道。总的来说，华龙网还不太关注欧盟的环境新闻，没有形成稳定的媒介议题。

（二）新闻来源

统计发现，华龙网关于欧盟的环境新闻全部转载自其他新闻网站，其中89%转载自中国新闻网、国际在线、新华网以及人民网等主流媒体新闻网站。从新闻来源来看，华龙网这一做法符合中央主流声音，保证了报道的新闻价值和新闻真实性。但是，作为重庆市唯一拥有新闻采访权的网络新闻媒体，在关于欧盟的环境报道中，还存在原创力严重不足的问题。

新闻媒体作为一种社会公器，不仅是公众获取信息的主要渠道，更在发现和解决社会问题中发挥着重要的作用。而具体的新闻报道则能体现一个媒体的观点和立场。华龙网是重庆市委宣传部主管的新闻媒体，在一定程度上代表了重庆地区的官方声音。近年来，重庆与欧盟及其成员国之间在经济、文化等各方面积极开展合作，在这一过程中，重庆本地的企业、公众对欧盟方面的信息都会有需求，这要求重庆本地媒体肩负起应有的责任，立足本地区，关注欧盟情况，加强报道，指导本地区实践。现在看来，华龙网关于欧盟的环境信息全部都转载自其他媒体，并没有自己的原创新闻，可见，华龙网在欧盟环境报道中存在着失语现象。

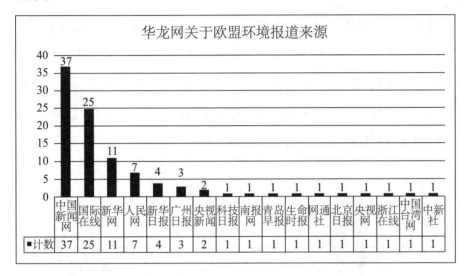

图2　华龙网关于欧盟环境报道来源

（三）体裁和呈现形式

据统计（图3），华龙网关于欧盟的环境报道以"消息"这一体裁为主，呈现形式主要为单一的文本形式（图4）。统计发现，有83篇为消息这一体裁，占比84%，其次为通讯。报道的呈现形式主要是采取单一的文本形式来进行报道，有81篇，占比82%；其次是文本+图片这一形式，有13篇，占比13%；视频新闻和图片新闻较少，分别占3%、2%，仅有3篇报道采用视频的形式，但由于技术原因目前这些视频链接已经失效。

　　一直以来，消息以其短小快捷的优势，在所有新闻报道的体裁中占据着主导。华龙网在关于欧盟的环境新闻报道方面，多采取消息和纯文本这一形式，这一方面可以最大化地追求新闻的时效性，但是另一方面却忽视了新闻的深度报道。环境新闻具有其特殊性，环境问题的产生、治理，以及环境政策、法规的制定，背后往往都具有深刻的社会、经济、历史等原因，非常需要通过深度报道来探究深层次的原因。而且网站不同于报刊等形式，其最大的亮点就在于信息呈现方式的多元化，以及受众的交互性，因此华龙网应该丰富报道的体裁和呈现形式，注重环境新闻的深度报道，并利用网站特性，提高新闻报道的质量。

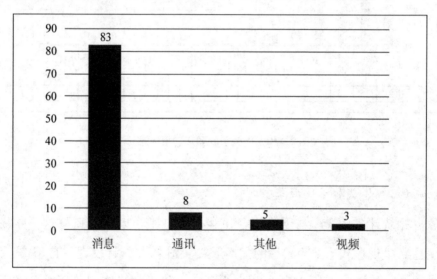

图3　华龙网关于欧盟环境报道体裁

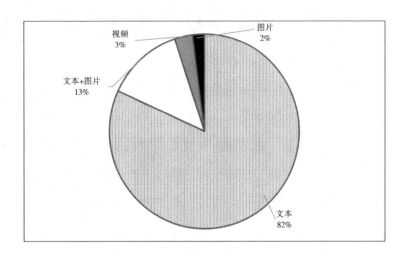

图4　华龙网关于欧盟环境报道呈现形式

四、华龙网建构的欧盟环境形象

"框架理论" 20 世纪 70 年代开始运用于文化社会学领域，美国社会学家 E. 戈夫曼（E. Goffman）在《框架分析：经验组织论》（*Frame Analysis：An Essay on the Organization of Experience*）一书中将框架定义为："人们用来认识和阐释外在客观世界的认知结构。"不久"框架理论"开始用于新闻与传播领域，延伸出用以描述影响媒介机构和新闻报道的信息选择、加工，以及新闻文本和意义建构的"媒介框架"和"新闻框架"理论。

在现代社会，媒介技术高速发展，信息泛滥，而人类的实践活动能力是有限的，因此人们对于客观现实世界的认识越来越依赖于媒体建构的"世界"，长此以往，人们对于真实世界的认识会变成一种"媒介真实"。媒介框架和新闻框架必然会影响受众框架，即受众个人接触和处理大众传播信息的认知结构和诠释规则，继而影响受众的认知和行动。媒体关于欧盟的环境新闻报道势必会影响公众对于欧盟环境的认识，那么在中国地方媒体上，欧盟呈现出什么样的形象？

华龙网关于欧盟环境报道的议题分为八个方面：环保法规、环保会议、日常生活环境信息、环保科研和技术、中欧环境交流合作、环保经济、自然灾害、环境污染。如果一篇报道样本涉及多个主题，则根据其主要内容来确定报道议题。研究发现，华龙网关于欧盟的环境报道，主要体现出欧盟三方面的环境形象，即环境法规的制定者、环保行动的践行者以及中欧环境交流合作伙伴的形象。

（一）环境法规的制定者

统计发现（表1），华龙网对于欧盟环境的新闻报道议题主要集中在环保法规方面，共37篇，占全部议题的38%；其次为环保会议和日常生活环境信息，分别14篇，占比14%。一直以来，欧盟的环境政策和法规在世界范围内都处于领先地位，影响并指导着世界其他国家环境政策的制定。

表1　华龙网关于欧盟环境报道议题数量及占比

报道议题	数量	占比
环保法规	37	38%
环保会议	14	14%
日常生活环境信息	14	14%
环保科研和技术	9	9%
中欧环境交流合作	9	9%
环保经济	7	7%

报道议题	数量	占比
链接失效	4	4%
自然灾害	3	3%
环境污染	2	2%

　　欧盟环境法规可以分为几个层次：国家级环境法、欧盟级环境法和国际级环境法，其中又以欧盟级环境法最具影响力。欧盟的立法程序一般都涉及理事会、委员会、议会、经社委员会和地区委员会，各自代表着不同群体的利益。"绝大多数环境条例、指令、决定都先由委员会提出立法建议案，然后由理事会就委员会的提议取得欧洲议会、经社委员会或地区委员会的意见，然后以特定多数或一致同意议决。"（蔡守秋，2001）在华龙网关于欧盟的环境报道中，有多个议题都涉及欧盟环境法规政策的制定。

　　欧盟作为多个国家的联合体，其成员国之间由于其地理环境、历史背景、风俗习惯、发展程度以及国家利益的差异，对于环境保护的态度和措施难免会存在分歧。因此在环境保护的法规政策方面，欧盟在各成员国中间主要是作为一个领导者，制定法律、法规、政策，以及战略、计划、目标等，起到统领大局的作用。例如关于"限塑令"和"节能减排"的主题，贯穿着华龙网对于欧盟环境报道的始终，从最开始的提议协商，到欧盟设立法律草案，再到各成员国将其纳入本国法律，欧盟在这个过程中起到发现问题、讨论问题、推动问题解决的作用。接下来，笔者将以华龙网报道的欧盟"限塑令"的制定过程为例，详细分析欧盟环境政策法规的制定者形象。

华龙网关于欧盟制定"限塑令"最早的一篇新闻报道是 2013 年 11 月 5 日《塑料袋威胁欧洲环境 欧盟计划对其征收特别税》，这篇报道转载自国际在线，报道中指出，在欧洲，一些欧盟国家每人每年使用的塑料袋数量超过 400 个，塑料袋的使用已经对人类和环境造成了威胁。鉴于其潜在的危险，有人甚至提出应该禁止塑料袋的使用，但是这在欧盟法律中找不到相应的依据。在此提出了问题，即限塑令没有明确的法律依据。

2014 年华龙网共有 4 篇关于欧盟制定"限塑令"的新闻报道，这些报道呈现出欧盟在限制塑料袋使用方面逐步建立法律法规的动态过程。2014 年 5 月，欧洲议会以 539 票支持、51 票反对、72 票弃权的绝对优势通过一项提案，要在欧盟范围执行"限塑令"。2014 年 11 月，欧盟常驻代表委员会与欧洲议会达成一项法律草案，拟采取措施在欧盟范围内减少轻型塑料购物袋的使用。并且草案规定各成员国可在两种措施中做出选择：一种是逐步减少每人每年使用轻型塑料购物袋的数量，到 2019 年减至 90 个，到 2025 年减至 40 个；另一种是到 2018 年，不再向消费者免费提供轻型塑料购物袋。报道指出，此后欧盟各成员国将有 18 个月的时间把它纳入本国立法。2018 年 10 月，欧盟经过投票批准从 2021 年起禁止使用一次性塑料产品，以遏制日益严重的塑料废弃物对海洋和生态环境的污染。

欧盟的"限塑令"一度被认为是史上最严"限塑"。通过欧盟"限塑令"的制定过程，我们可以看出欧盟在环境政策法规的制定过程中体现出民主、严格，但又循序渐进的特点。欧盟"限塑令"的制定有着特定的历史背景，塑料制品带来的环境污染越来越严重，却没有相关的法律依据。欧盟委员会通过民主投票的方式提出较为正式的法律条文，以此限制塑料袋的使用。随后，给了各成员国一段缓冲的时间将限塑令落实到各国立法当中。因此，欧盟制定的环境政策不仅基于世界共同的环境污染问题，也在一定程度上考虑到了各国的现实条件，严格但民主。

（二）环保行动的践行者

1975 年《罗马条约》通过后，欧盟开始了发展援助的道路。虽然最开始欧盟发展援助是为了促进海外殖民地的经济和社会发展，但近20 多年来，随着环境问题在欧盟和国际事务中的地位愈加凸显，环境治理也逐渐融入到欧盟发展援助政策中去，成为欧盟发展援助的一个重要组成部分（张超，2019）。欧盟在全球的影响力和号召力很大一部分便得益于其在环境保护领域的领先地位。

除了制定与环境相关的法规政策，欧盟还将环境保护落到实际行动之中。欧盟的环境战略包括几个层次，"一是其内部的环境政策；二是欧盟成员国之间的环境政策协调与环境合作；三是欧盟对外环境合作计划，包括对外环境援助与环境产业市场的开发等"（崔宏利，2005）。根据华龙网关于欧盟的环境新闻报道，欧盟的环境保护行动主要体现在以下三个方面：

一是当有自然灾害发生时，欧盟积极协助救灾。欧盟各成员国之间签订有互助协议，当一国发生自然灾害时，可向欧盟请求援助。例如

2015 年 4 月 25 日尼泊尔地震，欧盟委员会 25 日发表声明指出，欧盟将派遣救援专家前往尼泊尔协助救灾。2013 年 8 月，波黑山火蔓延，向欧盟寻求国际救援，在欧盟委员会应急响应中心的迅速调配之下，来自克罗地亚的两架灭火消防专用飞机前往波黑，参与当地的灭火工作。欧盟负责人表示，欧盟委员会应急响应中心与这些森林火灾的"高危"国家保持着常规联系。如果火灾超出了某国的控制能力范围，欧盟随时准备施以援手。

二是对于环保科研项目的开发和投资，以及环保技术的研发和支持。欧盟在环境保护领域积极开展对外合作和援助项目。就我国而言，中国—欧盟生物多样性保护项目（ECBP）是目前欧盟资助的最大规模的海外生物多样性保护项目，资金总额 5100 万欧元。该项目是由欧盟、联合国开发计划署（UNDP）和中国商务部、环保部四方共同发起的。旨在通过加强生物多样性管理，保护中国特殊的生态系统，加强国家环境保护部作为中国生物多样性履约协调机构的能力；建立有效的监测和信息反馈机制；提高履约协调机构的效率（环境生态网，2010）。在华龙网关于欧盟的环境报道中，环保科研和技术方面的报道占比达到9%。例如《欧盟投资 10 亿欧元 发展清洁能源项目》（2014.07.10）报道了欧盟委员会宣布，将向 18 个创新型可再生能源项目和一个碳捕捉与储存项目投资 10 亿欧元，以期掌握更多应对气候变化的新手段。

三是欧盟的环境保护比较关注人们的日常生活环境。根据统计（表1），在华龙网关于欧盟的环境报道议题中，日常生活环境信息这一报道议题占比达到 14%，仅次于环保法规议题。同时，通过对日常生活环境信息这一议题做进一步分析发现，食品安全、食物浪费、人口问题等成为欧盟较为关注的领域。这说明欧盟对于人们生存环境的关注和保护，不仅有政策、规划，也落实到了人们的日常生活中。例如 2018 年 4 月，华龙网转载人民网的一篇报道：欧盟正式实施一项新的法律，对食品中丙烯酰胺含量做出明确规定，要求所有的食品生产者必须遵守相关规定，否则将面临法律处罚。2013 年 11 月 4 日，华龙网转载自中国新闻网的一篇 2300 多字的报道——《欧盟农村环境缘何不断改善》以图文并茂的形式报道了欧盟将环境保护作为新农业补贴政策体系的核心，建立将农业生产环境指标作为具体的奖励机制并加以实施。因此欧盟农村和城乡接合地区的人居环境不断改善，吸引着大量居民选择移居这些地区。

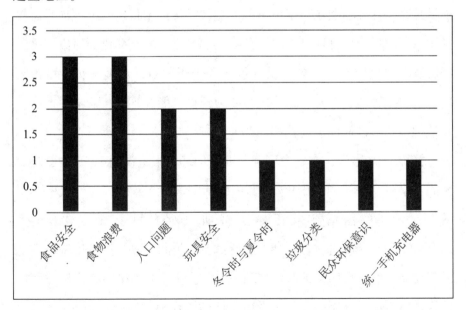

图 5　日常生活环境信息相关主题的关键词

（三）中欧环境交流合作伙伴

1992年2月中国欧盟双方在关系恢复正常之后，便开始了环境领域的对话。1995年欧盟理事会通过了《欧盟和中国关系的长期战略》，调整对华援助政策，环境保护被确定为新的优先合作领域之一（崔宏利，2005）。目前，环境等相关领域的合作成为欧盟致力于加强与中国合作的主要领域，因为在欧盟看来，积极参与处理环境问题的中国是欧盟应对全球挑战的一个很宝贵的合作伙伴（张莉，2012）。近年来，随着环境问题凸显，以及中欧关系的发展，中欧在环境领域的对话与合作越来越频繁。

中欧环境交流合作在早期主要表现为欧盟对中国在环境保护方面提供的资金和技术支持。如1999年9月启动的欧盟—中国辽宁综合环境项目是欧盟在环境领域对华最早的大型技术援助项目之一，该项目总投资4850万欧元，项目的总体目标是：帮助辽宁省政府减少污染、推动经济发展和社会调整。整个项目包含7个子项目：环境意识、城市规划、水资源管理、大气质量管理与能力建设、能源管理、清洁生产、工业结构调整与投资促进（曲娟，2008）。

据统计（表1），在华龙网关于欧盟的环境报道议题中，"中欧环境交流合作"这一议题占比9%，其中包括中国对于欧盟环保经验的学习借鉴，如《中国借鉴欧盟做法将加强对农村土地流转监管》（2015.05.09）等；也包括对欧盟环保标准的采用，如《邳州垃圾发电采用欧盟标准》（2014.07.15）等；另外还包括中欧在环境保护方面的项目合作、论坛交流等，如《欧盟支持的浙江地方环保项目在杭结题》（2015.04.23）一文报道了由欧盟资助中国在环境公共治理领域开展的中欧环境公共治理项目。"项目于 2012 年 10 月正式启动，历时 30 个月。项目通过实地访谈、问卷调查，开展了基于嘉兴模式的基线研究、中欧比较研究，共举办了 3 场国际研讨会、11 场公众参与论坛，12 次能力建设培训（NGO、教师、社区、企业、环保部门），开设媒体专栏，在国内外专业杂志上发表文章 10 余篇，大力宣传推广嘉兴模式。"（浙江在线，2015 年）以及《欧盟 18 国驻华大使访山东 共研治理污染食品安全合作》（2013.11.08）等。

在中欧环境合作项目中，重庆市生物多样性保护和能力建设项目是中国—欧盟生物多样性保护项目（ECBP）的 18 个地方示范项目之一，同时也是具有挑战性的项目之一。该项目试图将生物多样性保护措施整合到重庆市的总体社会和经济发展计划——"一圈两翼"中。为此，项目制订了生物多样性的综合保护计划，促进在市政府的领导下建立生物多样性保护的协调机制，并将生物多样性保护纳入地方法规、环境影响评估以及政府的政绩考核体系中去（环境生态网，2010 年）。这在当时所有的地方示范项目中，实为一大创举，但笔者在华龙网并没有搜索到相关报道，可见该媒体在此处的缺席和失语。

五、结论与反思

研究发现，华龙网关于欧盟的环境报道总体数量不多，每年度的报道数量变化也非常大，在新闻来源上主要是转载自中央新闻网站，且以消息这一体裁和纯文本的呈现形式为主。华龙网对于欧盟环境的新闻报道建构出欧盟的三个环境形象，即环境法规的制定者、环保行动的践行者以及中欧环境交流合作伙伴的形象。这在一定程度上给国内受众提供了欧盟环境相关的信息，但在报道中还存在以下几点不足：

一是忽视（欧盟）环境报道，平台建设和队伍建设不完善。首先，无论是关于欧盟的环境报道，还是本地或其他地方的环境报道，华龙网都存在着严重的失语现象。华龙网目前设有 10 余个新闻频道和 20 多个资讯类频道，但是没有设立专门的环境频道。其次，笔者发现华龙网所有的新闻报道最早仅可追溯至 2013 年 1 月 1 日，数据保存时间较短。华龙网是重庆市唯一拥有新闻采访权的网络新闻媒体，但是在关于欧盟的环境报道中，全部都是转载的新闻。无论是从近年来中央屡次强调生态环境建设的大背景来说，还是从重庆地区复杂的生态环境和重要的战略位置来说，华龙网作为市委宣传部主管的主流媒体，都应该设立专门的环境频道，培养专业的环境新闻记者，并加强队伍建设和基础设施建设，聘用专业的网络技术人才，进行网站的日常维护和更新。

二是华龙网关于欧盟的环境报道较少联系到本地区，对本地区不具有实践上的指导意义。研究发现，在华龙网关于欧盟的环境报道中并没有原创新闻，也没有和重庆地区有关的新闻报道。首先，重庆地处"渝新欧"国际班列的起点，与欧盟及其成员国之间的经贸往来不可谓不频繁，欧盟在环境方面的法律、法规、政策等势必会给重庆的经济发展带来一定的影响。其次，重庆两江流域、山水之城的地理位置，在经济发展的过程中势必会遇到一系列环境问题，欧盟的环保经验是否可以提供借鉴？这都需要华龙网切实履行新闻传播媒介的"窗口"和"桥梁"作用，在新闻报道中，结合重庆与欧盟之间的交流与合作，立足于本地实际，提供深度报道，以指导本地区实践。

[参考文献]

[1] 蔡守秋. 欧盟环境法的特点及启示 [J]. 福建政法管理干部学院学报, 2001（3）: 1-8.

[2] 王金霞, 尹小平. 对环境税征税对象的探讨 [J]. 税务研究, 2011（7）: 47-50.

[3] 俞敏. 环境税改革: 经济学机理、欧盟的实践及启示 [J]. 北方法学, 2016（1）: 73-83.

[4] 樊杏华. 公法视角下欧盟环境损害责任立法研究 [J]. 环境保护, 2014（Z1）: 84-86.

[5] 高颖楠, 李丽平. 欧盟在当前中国同等发展阶段时的环境保护经验 [J]. 环境与可持续发展, 2017（4）: 147-151.

[6] 王海燕, 葛建团, 邢核, 等. 欧盟跨界流域管理对我国水环境管理的借鉴意义 [J]. 长江流域资源与环境, 2008（6）: 944-947.

[7] 胡必彬. 欧盟土壤生态环境现状及保护战略 [J]. 北方环境, 2004（5）: 52-55, 58.

[8] 傅聪. 欧盟应对气候变化的全球治理: 对外决策模式与行动动因 [J]. 欧洲研究, 2012（1）: 65-80, 2.

[9] 尹显萍. 环境规制对贸易的影响——以中国与欧盟商品贸易为例 [J]. 世界经济研究, 2008（7）: 42-46, 88.

[10] 李昭华, 蒋冰冰. 欧盟环境规制对我国家电出口的绿色壁垒

效应［J］．中国人口・资源与环境，2010（3）：136 - 142.

　　［11］赵绘宇．欧盟环境法中的循环经济趋势谈［J］．上海交通大学学报（哲学社会科学版），2006（1）：42 - 46.

　　［12］张莉．中欧环境合作的民意基础——欧盟环境形象在中国的传播与公众认知分析［J］．欧洲研究．2012（5）：100 - 116.

　　［13］张超．欧盟的环境援助政策及其实践分析［J］．国外理论动态，2019（4）：64 - 73.

　　［14］崔宏利．中国欧盟环境合作机制与成效探讨［D］．北京：中国人民大学，2005.

　　［15］曲娟．中国与欧盟环境合作研究［D］．青岛：青岛大学，2008.

　　［16］中华人民共和国驻意大利共和国使馆．携手推动共建"一带一路"实现高质量发展——驻意大利大使李瑞宇在"一带一路"与中意合作研讨会上的讲话［Z］．中华人民共和国驻意大利共和国使馆，2019 - 05 - 11.

　　［17］环境生态网．中国 - 欧盟生物多样性保护项目［Z］．环境生态网，2010 - 02 - 08.

　　［18］华龙网简介．重庆华龙网集团股份有限公司［Z］．华龙网简介，2019 - 04 - 27.

　　［19］欧盟概况．中华人民共和国外交部［Z］．欧盟概况，2017 - 01.

　　［20］浙江在线．欧盟支持的浙江地方环保项目在杭结题［Z］．浙江在线，2015 - 4 - 23.